2026

박문각 행정사

5년 최다

★ 전체 수석 ★

합격자 배출

이준희 행정법

1차 | 핵심 & 기출

박문각 행정사연구소 편_이준희

동영상 강의 www.pmg.co.kr

박문각

머리말

행정사 시험에 합격하기 위해서 가장 중요한 과목은 바로 행정법입니다. 행정법은 단순히 1차 시험 과목으로 끝나지 않으며, 2차 시험에서의 행정절차론, 사무관리론, 행정사실무법이 행정법을 기반으로 하기 때문입니다.

단순히 행정사 1차 합격에 그치는 것이 아니라 행정사 자격을 취득하기 위해서는 모든 수험생들이 2차 시험까지 최종합격을 하여야 합니다.

따라서 처음 시작부터 효율적으로 전략적인 접근을 하는 것이 필요합니다. 바로 그 전략적 접근이 가능하도록 본 교재를 구성하였습니다.

본 교재는 다음과 같은 특징을 가지고 있습니다.

첫째, 행정사 1차 시험 합격을 위해 필요한 내용만으로 구성

행정사 1차 시험은 역대 기출을 분석하여 보면 기본적인 개념과 중요 판례에서 출제되고 있습니다. 이는 100점으로 합격해야 하는 시험이 아닌 60점 이상의 점수를 획득하면 충분히 합격하는 시험이므로 이에 맞는 대비가 필요합니다. 기출 논점이더라도 버릴 부분은 버리고, 아직 출제되지 않았다고 하더라도 필요한 부분은 포함하였습니다.

둘째, 행정사 기출지문을 그대로 OX 문제로 구성

기출지문의 중요성은 아무리 강조해도 지나치지 않습니다. 실제로 대부분의 수험생들은 기출문제를 반복해서 학습합니다. 다만, 문제로만 학습하는 경우 무의식적으로 문제의 해답을 그대로 암기하게 될 수도 있습니다. 따라서 OX 문제를 통해 기출된 지문 하나하나를 확실하게 알고 있는지를 확인해야 합니다.

셋째, 행정법 기본서의 부교재로 활용 추천

행정법은 너무 방대한 학습내용을 가진 과목입니다. 따라서 기본서를 통해 기본 이론을 먼저 학습한 뒤, 본 교재로 핵심내용을 다지고 ○X 문제로 정리한다면 학습의 효율성을 높일 수 있습니다. 기본 이론에 대한 이해가 부족한 채로 본 교재를 본다면 결국 단편적인 암기 양만을 늘리는 소모적인 공부 방법이 될 것이기에, 이 교재는 반드시 행정법 기본서의 부교재로 활용하는 것을 추천합니다.

이 교재로 공부하는 수험생 여러분들께서 최종 합격의 결실을 맺기를 기원합니다.

2025년 7월

이준희 행정사 드림

행정사
시험 정보

1. **자격 분류**: 국가 전문 자격증
2. **시험 기관 소관부처**: 행정안전부
3. **실시 기관**: 한국산업인력공단
4. **시험 일정**: 매년 1차, 2차 실시

구분	원서 접수	시험 일정	합격자 발표
1차	2025년 4월 14일~4월 18일	2025년 5월 31일	2025년 7월 2일
2차	2025년 7월 28일~8월 1일	2025년 9월 27일	2025년 12월 10일

〈2025년 제13회 행정사 시험 기준〉

5. **응시자격**: 제한 없음. 다만, 행정사법 제5·6조의 결격사유가 있는 자와 행정사법 시행령 제19조에 따라 부정행위자로 처리되어, 그 처분이 있은 날부터 5년이 지나지 않은 자는 시험에 응시할 수 없다.

6. 시험 면제대상
- 1차 시험에 합격한 사람에 대하여는 다음 회의 시험에서만 1차 시험을 면제한다.
- 행정사 자격이 있는 사람으로서 다른 종류의 행정사 자격시험에 응시하는 사람은 1차 시험을 면제한다.
- 행정사법 제9조 및 동법 부칙 제3조에 따라, 공무원으로 재직하였거나 외국어 전공 학위를 받고 외국어 번역 업무에 종사한 경력이 있는 사람 등은 행정사 자격시험의 전부 또는 일부가 면제된다(1차 시험 면제, 1차 시험 전부와 2차 시험 일부 면제, 1·2차 시험 전부 면제).

7. 시험 과목 및 시간
- ● 1차 시험(공통)

교시	입실 시간	시험 시간	시험 과목	문항 수	시험 방법
1교시	09:00	09:30~10:45 (75분)	① 민법(총칙) ② 행정법 ③ 행정학개론(지방자치행정 포함)	과목당 25문항	5지택일

● **2차 시험**

교시	입실시간	시험 시간	시험 과목	문항 수	시험 방법
1교시	09:00	09:30~11:10 (100분)	**[공통]** ① 민법(계약) ② 행정절차론(행정절차법 포함)	과목당 4문항 (논술 1문제, 약술 3문제)	논술형 및 약술형 혼합
2교시	11:30	• 일반·해사행정사 11:40~13:20 (100분) • 외국어번역행정사 11:40~12:30 (50분)	**[공통]** ③ 사무관리론 (민원 처리에 관한 법률 및 행정업무의 운영 및 혁신에 관한 규정 포함) **[일반행정사]** ④ 행정사실무법 (행정심판사례, 비송사건절차법) **[해사행정사]** ④ 해사실무법 (선박안전법, 해운법, 해사안전기본법, 해상교통 안전법, 해양사고의 조사 및 심판에 관한 법률) **[외국어번역행정사]** ④ 해당 외국어(외국어능력검정시험으로 대체하 며 영어, 중국어, 일본어, 프랑스어, 독일어, 스페인 어, 러시아어의 7개 언어에 한함)		

8. 합격 기준

- 과목당 100점을 만점으로 하여 모든 과목의 점수가 40점 이상이고, 전 과목의 평균 점수가 60점 이상인 사람(2차 시험의 해당 외국어시험 제외)
- 단, 2차 시험 합격자가 최소선발인원보다 적은 경우, 최소선발인원이 될 때까지 전 과목의 점수가 40점 이상인 사람 중에서 전 과목 평균 점수가 높은 순으로 합격자를 추가로 결정한다. 동점자로 인해 최소선발인원을 초과하는 경우 동점자 모두를 합격자로 한다.

9. 외국어능력검정시험 성적표 제출(외국어번역행정사)

9. **외국어능력검정시험 성적표 제출(외국어번역행정사)**: 외국어번역행정사 2차 시험의 '해당 외국어' 과목은 원서접수 마감일부터 거꾸로 계산하여 5년이 되는 날이 속하는 해의 1월 1일 이후에 실시된 외국어능력검정시험에서 취득한 성적으로 대체(행정사법 시행령 제9조 제3항, 별표 2)

● **외국어 과목을 대체하는 외국어능력검정시험 종류 및 기준점수**

시험명	기준점수	시험명	기준점수
TOEFL	쓰기 시험 부문 25점 이상	IELTS	쓰기 시험 부문 6.5점 이상
TOEIC	쓰기 시험 부문 150점 이상	신HSK	6급 또는 5급 쓰기 영역 60점 이상
		DELE	C1 또는 B2 작문 영역 15점 이상
TEPS	쓰기 시험 부문 71점 이상 ※ 청각장애인: 쓰기 시험 부문 64점 이상	DELF/ DALF	• C2 독해와 작문 영역 25점 이상 • C1 또는 B2 작문 영역 12.5점 이상
G-TELP	GWT 작문 시험 3등급 이상	괴테어학	• C2 또는 B2 쓰기 모듈 60점 이상 • C1 쓰기 영역 15점 이상
FLEX	쓰기 시험 부문 200점 이상	TORFL	4단계 또는 3단계 또는 2단계 또는 1단계 쓰기 영역 66% 이상

행정법
1차 시험 총평

출제 경향

행정사 1차 시험은 행정사 자격을 최종적으로 취득하기 위한 하나의 관문입니다. 최종합격이 2차 시험에서 결정되는 만큼 1차 시험의 난도는 합격자를 선별하기 위함이 아닌 기본적인 소양을 측정하는 데 그 목적이 있습니다. 매년 실시되는 1차 시험의 난도를 분석하면서 드는 생각입니다.

올해 역시 예년과 비슷한 난도와 단원별 출제 비율로 시험이 출제되었습니다. 행정작용편과 행정구제편의 행정쟁송 파트에서 전체의 절반에 가까운 12문항이 출제되었고, 그 외에는 파트별로 1문항 정도씩 출제되었습니다.

행정법각론 부분은 작년과 동일하게 올해도 7문항이 출제되었습니다. 또 기존에 주로 출제되고 있는 조직·지방자치·공무원·공물 파트에서 5문항이 출제되었습니다. 따라서 향후 시험을 준비할 수험전략에는 큰 변화가 없습니다.

수험전략

행정사 시험은 판례 문제의 비중보다는 조문과 개념에 대한 정확한 이해 여부를 묻는 문제의 비중이 높은 편입니다. 따라서 판례는 기존의 주요 판례들 위주로 꼼꼼히 학습하는 것을 추천합니다. 이것이 행정법을 이해하고 기본적 소양을 갖추는 데 가장 효율적인 학습법입니다. 그러나 이때 모든 판례를 이해하고 암기하려고 접근하면 안 됩니다. 다시 말씀드리지만 주요 판례 위주의 학습을 추천합니다. 그리고 나머지 판례들은 객관식 시험에 맞게 결론만을 단순 암기해야 합니다.

2차 시험과 관련이 있으면서 1차 시험에서도 출제 비율이 높은 행정작용편, 행정절차편 그리고 행정구제편의 행정쟁송 파트는 이론과 법령의 철저한 암기가 필요합니다. 이는 향후 1차 시험에 합격하고 바로 2차 시험을 준비해야 할 수험생들에게 큰 도움이 됩니다.

각론 파트는 기출 중심으로 출제가능성이 높은 부분(조직·지방자치·공무원·공물)만을 학습하시길 권합니다. 나머지 부분에 대한 학습은 1~2문제의 정답을 찾기 위해 투자하는 시간이 너무 많을 수 있습니다. 행정사 1차 시험에서는 버릴 부분에 대해서는 과감히 버리는 결단이 필요합니다.

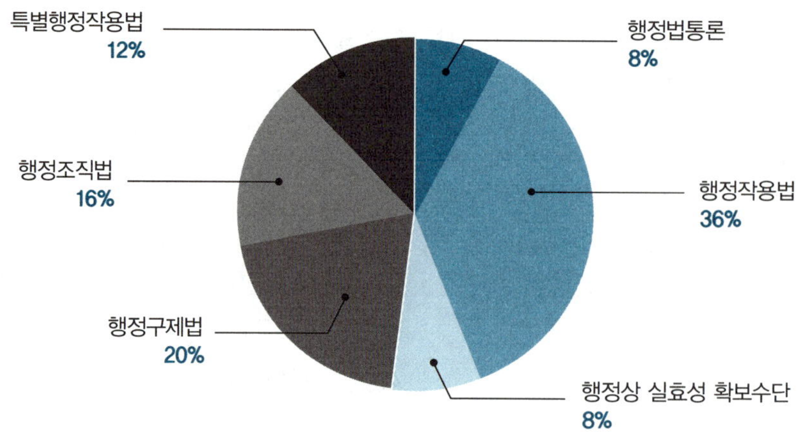

행정법
출제 경향 분석

◆ 2013~2025 행정법 출제 경향 분석

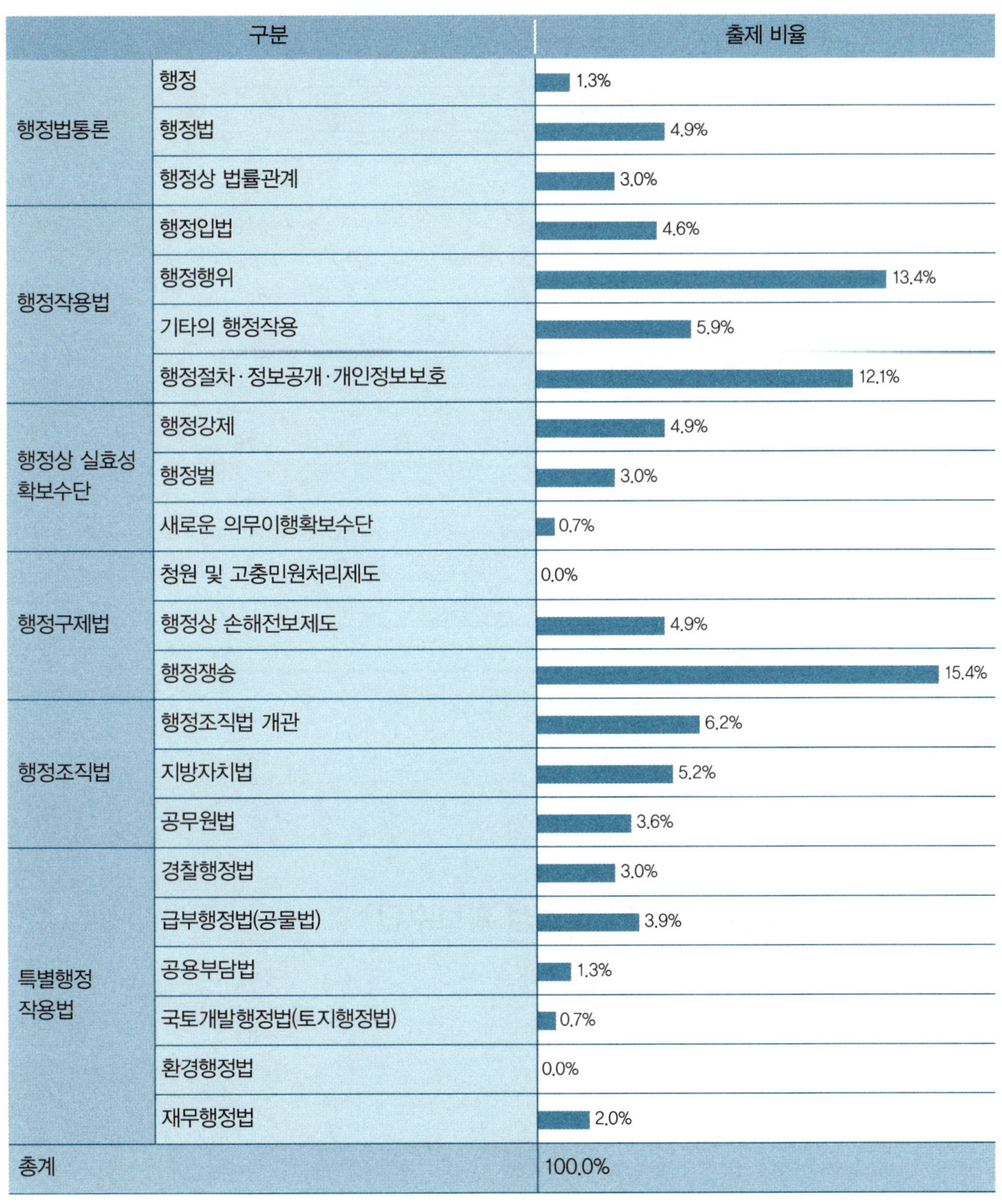

구분		출제 비율
행정법통론	행정	1.3%
	행정법	4.9%
	행정상 법률관계	3.0%
행정작용법	행정입법	4.6%
	행정행위	13.4%
	기타의 행정작용	5.9%
	행정절차·정보공개·개인정보보호	12.1%
행정상 실효성 확보수단	행정강제	4.9%
	행정벌	3.0%
	새로운 의무이행확보수단	0.7%
행정구제법	청원 및 고충민원처리제도	0.0%
	행정상 손해전보제도	4.9%
	행정쟁송	15.4%
행정조직법	행정조직법 개관	6.2%
	지방자치법	5.2%
	공무원법	3.6%
특별행정 작용법	경찰행정법	3.0%
	급부행정법(공물법)	3.9%
	공용부담법	1.3%
	국토개발행정법(토지행정법)	0.7%
	환경행정법	0.0%
	재무행정법	2.0%
총계		100.0%

차 례

PART 05 행정구제

PART 06 행정쟁송

PART 07 행정법각론

정답 및 해설

행정사
이준희 행정법

★

PART

01

행정법통론

핵심이론 정리

01 통치행위

1. 의의

통치행위란 고도의 정치적인 국가행위를 의미하는데, 이는 예외적으로 사법심사가 제한된다.

2. 주체

행정부뿐만 아니라 입법부도 통치행위의 주체가 될 수 있다. 그러나 법원은 통치행위의 판단의 주체이므로 사법부의 통치행위는 인정할 수 없다.

3. 판단

통치행위 여부의 판단은 오로지 사법부에 의해서만 이루어져야 한다.

통치행위 긍정	통치행위 긍정 (기본권 침해 → 사법심사 대상)	통치행위 부정
• 남북정상회담 개최 여부 • 비상계엄 선포 • 군사시설보호구역 • 대통령의 서훈 수여 • 이라크파병 • 사면	• 긴급재정경제명령 • 신행정수도건설이나 수도이전의 문제를 국민투표에 부칠지의 여부 • 개성공단 전면중단 조치	• 대북송금행위 • 국헌문란의 목적으로 행해진 비상계엄 • 유신헌법 긴급조치 • 대통령의 서훈취소 • 신행정수도건설이나 수도이전의 문제

02 법치행정

> **행정기본법 제8조【법치행정의 원칙】** 행정작용은 법률에 위반되어서는 아니 되며, 국민의 권리를 제한하거나 의무를 부과하는 경우와 그 밖에 국민생활에 중요한 영향을 미치는 경우에는 법률에 근거하여야 한다.

1. 법률우위의 원칙

(1) 법률우위의 원칙에서 말하는 법률은 모든 법규를 의미한다. 단, 행정규칙은 포함되지 아니한다.

(2) 법률우위의 원칙은 모든 행정작용에 적용된다(사법상 계약에도 적용).

(3) 법률우위의 원칙에 위반되는 행정작용은 위법(무효 또는 취소)하다.

2. 법률유보의 원칙

(1) 법률유보의 원칙에서 말하는 법률은 형식적 의미의 법률을 말한다. 이때 법률의 위임에 의한 법규명령은 법률에 포함된다.

(2) 법률에 직접 규정하여야 하는 중요한 사항(판례)

중요사항 ○	중요사항 ×
• 병의 복무기간 • 방송수신료 금액·납부의무자 • 중학교 의무교육 실시 여부 자체 • 사업시행인가 신청에 필요한 토지소유자의 동의 정족수 • 지방의회의원에 유급보좌인력을 두는 것 • 토지초과이득세법상 기준시가	• 방송수신료 징수 주체 • 중학교 의무교육의 실시 시기와 범위 • 사업시행인가 신청에 필요한 토지소유자의 동의 정족수를 설립조합의 정관에 정하는 것

판례

▶ 기본권제한에 관한 법률유보의 원칙은 '법률에 근거한 규율'을 요청하는 것이므로, 기본권 제한의 형식이 반드시 법률의 형식일 필요는 없다(99헌마513).

▶ 예산은 법률유보의 원칙에서 말하는 법률에 해당하지 않는다(2006헌마409).

03 법원

(1) 현재 행정법에는 단일 법전이 없으며, 행정관련 법령의 집합으로 구성되어 있다.

(2) 법원성이 부정되는 경우 → ① 판례, ② 사실인 관습, ③ 행정규칙

(3) 행정기본법, 행정절차법, 국세기본법은 행정선례법(신뢰보호)을 규정하고 있다.

(4) 수산업법은 민중적 관습법(입어권)을 인정하는 명문 규정을 두고 있다.

(5) 상급법원의 판결은 해당 사건(동종사건 ×)에 한하여 하급심을 기속한다(법원성 ×).

(6) 헌법재판소의 위헌결정은 법원 기타 모든 국가기관을 기속한다(법원성 ○).

판례

▶ 남북 사이의 화해와 불가침 및 교류협력에 관한 합의서는 국가 간의 조약으로 볼 수 없다(98두14525).

▶ GATT에 위반된 조례안은 그 효력이 없다(2004추10).

▶ 회원국 정부의 반덤핑부과처분이 WTO 협정위반이라는 이유만으로 사인이 직접 국내 법원에 회원국 정부를 상대로 그 처분의 취소를 구하는 소를 제기하거나 위 협정위반을 처분의 독립된 취소사유로 주장할 수는 없다 (2008두17936).

04 행정법의 일반원칙

1. 신뢰보호의 원칙

(1) 신뢰보호원칙의 요건

   ① 공적 견해표명(행정청의 선행행위)
   ② 보호가치 있는 신뢰(귀책사유 ×)
   ③ 인과관계 있는 개인의 행위
   ④ 공익 또는 제3자의 정당한 이익을 해할 우려
   ⑤ 공적 견해표명에 반하는 후행처분

(2) 공적 견해표명

① 행정청의 공적 견해표명이 있었는지의 여부를 판단함에 있어서는, 반드시 행정조직상의 형식적인 권한분장에 구애될 것은 아니고, 상대방의 신뢰가능성에 비추어 실질에 의하여 판단하여야 한다.

② 공적 견해나 의사는 명시적 또는 묵시적으로 표시되어야 하지만 묵시적 표시가 있다고 하기 위하여는 단순한 과세누락 또는 단순한 착오와는 달리 과세관청이 과세하지 않겠다는 의사표시를 한 것으로 볼 수 있는 사정이 있어야 한다.

③ 위법한 공적 견해표명도 신뢰보호의 대상이다. 다만 무효인 경우에는 신뢰의 원칙을 적용할 수 없다.

판례

▶ 귀책사유의 유무는 상대방과 그로부터 신청행위를 위임받은 수임인 등 관계자 모두를 기준으로 판단하여야 한다(2001두1512).

▶ 상대방으로 하여금 언제까지 처분의 발령을 신청을 하도록 유효기간을 두었는데도 그 기간 내에 상대방의 신청이 있있다거나 확약 또는 공적인 외사표명이 있은 후에 사실적·법률적 상태가 변경되었다면, 그와 같은 확약 또는 공적인 의사표명은 행정청의 별다른 의사표시를 기다리지 않고 실효된다(95누10877).

▶ 토지거래계약의 허가를 받은 후에 토지형질변경허가신청을 불허가한 것은 신뢰보호원칙에 반한다(96누18380).

▶ 폐기물처리업에 대하여 사전에 관할 관청으로부터 적정통보를 받고 신청한 폐기물처리업에 대한 불허가 처분은 신뢰보호원칙에 반한다(98두4061).

▶ 폐기물처리업 사업계획에 대한 적정통보는 국토이용계획변경신청을 승인하여 주겠다는 취지의 공적인 견해표명을 한 것으로 볼 수 없다(2004두8828).

▶ 헌법재판소의 위헌결정은 행정청이 개인에 대하여 신뢰의 대상이 되는 공적인 견해를 표명한 것이라고 할 수 없다(2002두6965).

▶ 부가가치세 면세사업자용 사업자등록증을 교부하거나 고유번호를 부여하였다고 하더라도 이를 부가가치세를 과세하지 않겠다는 공적견해를 표명한 것으로 볼 수 없다(2001두9370).

▶ 담당이 아닌 민원 공무원의 단순 상담은 공적인 견해표명이라 할 수 없다(2003두1875).

▶ 민원예비심사 단계에서 한 개발이익환수에 대한 답변은 공적인 견해표명이 아니다(2004두46).

▶ 보완요청서는 공적 견해표명이 있었다고 보기 어렵다(2019두52799).

2. 자기구속의 원칙

(1) 행정기본법상 명문으로 규정되어 있는 것은 아니나, 평등의 원칙이나 신뢰보호의 원칙에서 그 근거가 도출된다.

(2) ① 재량영역에서의 행정작용일 것, ② 동일 행정청이 동종 사안에 대하여 재량준칙을 적용할 것, ③ 선례가 존재할 것, ④ 행정관행이 적법할 것이 요구된다.

3. 부당결부금지의 원칙

> **행정기본법 제13조【부당결부금지의 원칙】** 행정청은 행정작용을 할 때 상대방에게 해당 행정작용과 실질적인 관련이 없는 의무를 부과해서는 아니 된다.

05 행정법의 효력

1. 법령(법률·대통령령·총리령·부령·조례·규칙)의 효력발생

(1) 특별한 규정이 없으면 공포한 날부터 20일이 경과함으로써 효력을 발생한다.

(2) 국민의 권리제한 또는 의무부과와 직접 관련되는 법령은 공포일부터 적어도 30일이 경과한 날부터 시행되도록 하여야 한다.

2. 적용 법령의 기준

(1) 당사자의 신청에 따른 처분은 처분 당시의 법령 등에 따른다.

(2) 제재처분은 법령 등을 위반한 행위 당시의 법령 등에 따른다.

(3) 다만, 법령 등을 위반한 행위 후 법령 등의 변경에 의하여 위반한 행위에 해당하지 아니하거나 제재처분 기준이 가벼워진 경우에는 변경된 법령 등을 적용한다.

3. 진정소급입법

새로운 법령 등은 그 법령 등의 효력발생 전에 완성되거나 종결된 사실관계 또는 법률관계에 대해서는 적용되지 아니한다. 다만, 진정소급입법이라 하더라도 ① 일반적으로 국민이 소급입법을 예상할 수 있었거나, ② 법적 상태가 불확실하고 혼란스러워 보호할 만한 신뢰이익이 적은 경우, ③ 소급입법에 의한 당사자의 손실이 없거나 아주 경미한 경우, ④ 중대한 공익상의 사유가 있는 경우에는 허용된다.

4. 효력의 소멸

(1) 헌법재판소에서 위헌으로 결정된 법률은 그 결정이 있는 날로부터 효력을 상실한다.

(2) 대법원의 명령·규칙에 대한 위헌·위법 결정은 해당 사건에만 적용하는 개별적 효력을 가질 뿐이고 일반적으로 무효가 되는 것은 아니다.

06 행정상 법률관계

사법관계로 파악한 경우	공법관계로 파악한 경우
• 전기·전화·가스·철도 • 사립학교(학교법인)와 소속 교원의 관계, 등록금 징수행위, 학생에 대한 징계처분 • 손실보상청구권 • 환매 • 일반재산의 대부행위와 사용료 부과 • 부당이득반환청구(무효인 조세부과처분에 대한 과오납금 반환청구) • 협의취득 • 행정상 손해배상 • 한국마사회의 기수면허 취소 • 재개발조합과 조합임원·조합장 사이의 법률관계	• 수도 이용관계 • 하천법·공유수면매립법·토지보상법상 손실보상 청구권 • 행정재산(국유재산)의 사용·수익허가와 사용·수익자에 대한 사용료 부과 • 국유재산 무단점유자에 대한 변상금 부과 • 일반재산의 사용료 미납시 징수 • 국가나 지방자치단체에 근무하는 청원경찰 • 국립의료원 부설 주차장에 관한 위탁관리용역운 영계약(특허) • 공중보건의사·시립무용단원의 위촉과 해촉 • 부가가치세 환급세액 지급청구

07 공무수탁사인

(1) 공무수탁사인이란 공무를 위탁받아 자신의 이름으로 행정사무를 수행하는 자를 말한다(자연인, 법인 또는 법인격 없는 단체 포함).

(2) 공무수탁사인은 행정주체(당사자소송의 피고)이면서 행정청(항고소송의 피고)의 지위를 가진다.

(3) 관계법령에 의하여 대집행권한을 부여받은 구 한국토지공사는 공무수탁사인으로서 행정주체의 지위에 있다고 볼 수 있지만, 국가배상법상 공무원에 해당한다고 볼 수는 없다.

08 공법상 사건

1. 소멸시효

특별한 규정이 없는 한, 5년간 행사하지 않는 때에는 시효로 인하여 소멸한다.

> **판례** ◆

> ▶ 과세처분의 취소 또는 무효확인청구의 소는 조세환급을 구하는 부당이득반환청구권의 소멸시효 중단사유인 재판상 청구에 해당한다(91다32053 전원합의체).

> ▶ 납입고지에 의한 부과처분이 취소되어도 납입고지에 의한 시효중단의 효력이 상실되지 않는다(98두19933).

> ▶ 변상금 부과처분에 대한 취소소송의 진행 중에도 그 부과권의 소멸시효가 진행된다(2003두5686).

2. 기간

행정기본법

제6조【행정에 관한 기간의 계산】 ① 행정에 관한 기간의 계산에 관하여는 이 법 또는 다른 법령등에 특별한 규정이 있는 경우를 제외하고는 「민법」을 준용한다.

② 법령등 또는 처분에서 국민의 권익을 제한하거나 의무를 부과하는 경우 권익이 제한되거나 의무가 지속되는 기간의 계산은 다음 각 호의 기준에 따른다. 다만, 다음 각 호의 기준에 따르는 것이 국민에게 불리한 경우에는 그러하지 아니하다.

1. 기간을 일, 주, 월 또는 연으로 정한 경우에는 기간의 첫날을 산입한다.
2. 기간의 말일이 토요일 또는 공휴일인 경우에도 기간은 그 날로 만료한다.

제7조【법령등 시행일의 기간 계산】 법령등(훈령·예규·고시·지침 등을 포함한다. 이하 이 조에서 같다)의 시행일을 정하거나 계산할 때에는 다음 각 호의 기준에 따른다.

1. 법령등을 공포한 날(훈령·예규·고시·지침 등은 고시·공고 등의 방법으로 발령한 날을 말한다. 이하 이 조에서 같다)부터 시행하는 경우에는 공포한 날을 시행일로 한다.
2. 법령등을 공포한 날부터 일정 기간이 경과한 날부터 시행하는 경우 법령등을 공포한 날을 첫날에 산입하지 아니한다.
3. 법령등을 공포한 날부터 일정 기간이 경과한 날부터 시행하는 경우 그 기간의 말일이 토요일 또는 공휴일인 때에는 그 말일로 기간이 만료한다.

제7조의2【행정에 관한 나이의 계산 및 표시】 행정에 관한 나이는 다른 법령등에 특별한 규정이 있는 경우를 제외하고는 출생일을 산입하여 만(滿) 나이로 계산하고, 연수(年數)로 표시한다. 다만, 1세에 이르지 아니한 경우에는 월수(月數)로 표시할 수 있다.

09 사인의 공법행위 – 신고

구분	수리를 요하지 않는 신고(행정절차법)	수리를 요하는 신고(행정기본법)	
신고필증	필수×	필수×	
적법신고	수리× → 효력 ○	수리× → 효력×	
부적법 신고	수리 ○ → 효력×	수리 ○ →	취소사유 : 효력 ○ (취소되면 효력×)
			무효사유 : 무효(효력×)
수리 거부 처분성	× (예외 : ① 건축신고 반려, ② 건축물 착공신고 반려, ③ 원격평생교육신고의 반려)	○	

🔷 행위요건적 신고(수리를 요하는 신고)

① 영업양도에 따른 지위승계신고
② 주민등록신고
③ 건축주명의변경신고
④ 인·허가의제 효과를 수반하는 건축신고
⑤ 장기요양기관의 폐업신고, 노인의료복지시설의 폐지신고
⑥ 수산업법상 어업의 신고
⑦ 유료노인복지주택의 설치신고
⑧ 납골당설치신고
⑨ 혼인신고
⑩ 학교환경위생정화구역 내에서의 체육시설업(당구장업)신고
⑪ 개발제한구역 내 건축신고
⑫ 개발제한구역 내 골프연습장신고

판례

▶ 신고사항이 아닌 신고를 수리(수리거부)한 경우 그 수리(수리거부)는 항고소송의 대상이 되는 행정처분에 해당하지 아니한다(99두455).

▶ 납골당설치 신고(수리를 요하는 신고) 수리행위에 신고필증 교부 등 행위가 꼭 필요한 것은 아니다. 또한 납골당설치 신고사항의 이행통지는 납골당설치 신고수리에 해당한다(2009두6766).

▶ 사실상 영업이 양도·양수되었지만 아직 승계신고 및 그 수리처분이 있기 이전에는 여전히 종전의 영업자인 양도인이 영업허가자이다(94누9146).

▶ 전입신고자가 거주의 목적 이외에 다른 이해관계에 관한 의도를 가지고 있는지 여부는 주민등록전입신고의 수리 여부를 심사하는 단계에서는 고려 대상이 될 수 없다(2008두10997).

◆ 빠른 정답 찾기 p.158
◆ 정답 및 해설 p.161

001 법률우위의 원칙에서 말하는 법률은 국회가 제정한 형식적 의미의 법률만을 말한다.
○ ×

002 법률우위의 원칙은 사법형식의 행정작용에는 적용되지 않는다. ○ ×

003 법률우위의 원칙을 위반한 행정행위는 무효이다. ○ ×

004 법률유보의 원칙에서 말하는 법률에는 법률의 위임에 의해 제정된 법규명령도 포함된다.
○ ×

005 행정법에는 헌법, 민법, 형법과 같은 단일 법전(法典)이 없다. ○ ×

006 행정법의 일반원칙은 법원의 성격을 갖는다. ○ ×

007 대법원의 판례가 법률해석의 일반적인 기준을 제시하였어도 사안이 서로 다른 사건을 재판
하는 하급심법원을 직접 기속하는 것은 아니다. ○ ×

008 '남북 사이의 화해와 불가침 및 교류협력에 관한 합의서'는 국가 간 맺은 조약이 아니므로
국내법과 동일한 효력을 가지는 것은 아니다. ○ ×

009 비례의 원칙은 헌법상의 원칙이다. ○ ×

010 신뢰보호원칙에서 법률에 대한 신뢰는 신뢰보호의 대상이 되지 않는다. ○ ×

011 신뢰보호원칙에서 특정 개인에 대한 공적인 견해표명이 있어야 하는 것은 아니다. ○ ×

012 공적 견해표명은 묵시적으로 할 수 없다. ○ ×

013 단순히 착오로 어떠한 처분을 계속하다가 처분청이 추후 오류를 발견하여 합리적인 방법으로 변경할 경우 신뢰보호원칙에 위배된다. ○ ×

014 귀책사유의 유무는 상대방을 기준으로 판단하며 상대방으로부터 신청행위를 위임받은 수임인 등 관계자는 고려하지 않는다. ○ ×

015 행정청이 공적 견해표명을 한 후, 사정변경이 있는 경우에는 행정청이 그 견해표명에 반하는 처분을 하더라도 신뢰보호원칙에 위반된다고 할 수 없다. ○ ×

016 행정의 자기구속원칙의 인정근거는 평등원칙 또는 신뢰보호원칙이다. ○ ×

017 위법한 행정처분이라 하더라도 수차례에 걸쳐 반복적으로 행해져 행정관행이 되었다면 행정청에 대하여 자기구속력을 갖는다. ○ ×

018 재량권 행사의 준칙인 행정규칙에 행정관행이 성립되어 있지 않더라도 행정기관은 그 준칙에 따라야 할 자기구속을 받게 된다. ○ ×

019 대통령령은 특별한 규정이 없으면 공포한 날부터 10일이 경과함으로써 효력을 발생한다. ○ ×

020 인·허가신청 후 처분 전에 관계 법령이 개정 시행된 경우, 행정행위는 신청 당시에 시행 중인 법령과 허가기준에 의하여 하는 것이 원칙이다. ○ ×

021 일반국민의 이해에 직접 관계가 없는 경우 등 특별한 사정이 있는 경우라도 법령의 소급적용은 허용되지 아니한다. ○ ×

022 법령은 지역적으로 대한민국의 영토전역에 걸쳐 효력을 가지는 것이 원칙이나 예외적으로 일부지역에만 적용될 수도 있다. ○ ×

023 법령은 대한민국의 영토 내에 있는 모든 사람에게 적용되는 것이 원칙이므로 외국인에 대하여 특칙을 두거나 상호주의가 적용될 수 없다. ○ ×

www.pmg.co.kr

024 법령 등을 공포한 날부터 시행하는 경우에는 공포한 날을 시행일로 한다. ◯╳

025 법령 등을 공포한 날부터 일정 기간이 경과한 날부터 시행하는 경우 법령을 공포한 날을 첫날에 산입하지 아니한다. ◯╳

026 법령 등을 공포한 날부터 일정 기간이 경과한 날부터 시행하는 경우 그 기간의 말일이 토요일 또는 공휴일인 때에는 그 말일로 기간이 만료한다. ◯╳

027 행정청은 필요한 구비서류가 첨부되어 있지 않은 신고서가 제출된 경우에는 지체 없이 상당한 기간을 정하여 신고인에게 보완을 요구하여야 한다. ◯╳

028 법상 금지되어 있는 행위를 해제시키는 기능을 갖는 신고의 경우 그 신고 없이 한 행위는 위법하다. ◯╳

029 적법한 요건을 갖추어 당구장업 영업신고를 한 경우 행정청이 그 신고에 대한 수리를 거부하였음에도 영업을 하면 무신고 영업이 된다. ◯╳

030 건축법에 따른 착공신고가 반려되었음에도 당해 건축물의 착공을 개시하면 시정명령, 이행강제금, 벌금 등의 대상이 될 우려가 있으므로 행정청의 착공신고 반려행위는 항고소송의 대상이 된다. ◯╳

031 법령상 신고사항이 아닌 신고를 수리한 경우, 그 수리는 항고소송의 대상이 되지 않는다. ◯╳

032 자기완결적(자체완성적) 신고의 경우에 적법한 요건을 갖춘 신고가 있으면 행정청의 수리 여부에 관계없이 신고서가 접수기관에 도달된 때에 신고의무가 이행된 것으로 본다. ◯╳

033 인·허가의제 효과를 수반하는 건축신고는 수리를 요하는 신고에 해당하지 않는다. ◯╳

ME
MO

행정사
이준희 행정법

행정작용

01 행정입법

구분	법규명령	행정규칙
법형식	시행령(대통령령), 시행규칙(총리령·부령)	고시·훈령·예규·지침 등
법적 근거	• 법률유보·법률우위의 원칙 적용 • 위임명령 : 상위법령의 수권 필요 ○ • 집행명령 : 상위법령의 수권 필요 ×	• 법률유보의 원칙은 적용× (행정규칙은 법적 근거가 필요×) • 법률우위의 원칙은 적용 ○ • 상위법령의 수권 필요× (단, 법령보충규칙은 수권 필요 ○)
규율 대상	• 국민의 권리·의무에 관한 내용 • 위임명령 : 새로운 법규사항 규율 ○ • 집행명령 : 새로운 법규사항 규율×	행정조직 내부의 기준, 지침
절차	• 법제처 사전심사(모든 법규명령) • 국무회의 심의(대통령령만)	특별한 절차규정 없음
성질	• 법규성 인정(대외적 구속력 인정) • 재판규범 ○	• 법규성 부정(행정내부적 규율) • 재판규범 ×
위반의 효과	위법한 행정작용	• 원칙적으로 유효(자기구속원칙 등을 근거로 위법성 주장) • 내부적 징계사유는 될 수 있음
효력 발생	공포가 있어야 효력이 발생	공포가 없어도 되며, 수명기관에 도달하면 효력이 발생(처분기준은 행정절차법상 공표 의무가 있음)

1. 법규명령

(1) 감사원규칙에 대하여는 헌법에 근거가 없으며, 감사원법에 따라 제정된다.

(2) 헌법이 인정하고 있는 위임입법의 형식은 예시적인 것이다.

(3) 국회전속적 입법사항(헌법이 법률로써 정하도록 명시적으로 규정)도 기본적인 내용을 법률로 정하고 구체적 범위를 정하여 행정입법에 위임이 가능하다.

(4) 처벌법규나 조세법규에서는 구체성의 요구가 강화된다. 반면에 사실관계가 수시로 변할 수 있는 사안에서는 구체성의 요구가 완화된다.

(5) 위임받은 사항에 관하여 일반적인 사항을 규정하고 그 세부적 사항을 하위명령에 재위임하는 것은 가능하다.

> **판례**
>
> ▶ 법률에서 위임받은 사항을 전혀 규정하지 아니하고 그대로 하위법령에 재위임하는 것은 허용되지 않으며 위임받은 사항에 관하여 대강을 정하고 그 중의 특정 사항을 범위를 정하여 하위법령에 다시 위임하는 경우에만 재위임이 허용된다(94헌마213).
>
> ▶ 법령의 위임이 없음에도 법령에 규정된 처분 요건에 해당하는 사항을 부령에서 변경하여 규정한 경우에는 그 부령의 규정은 행정청 내부의 사무처리 기준 등을 정한 것으로서 행정조직 내에서 적용되는 행정명령의 성격을 지닐 뿐 국민에 대한 대외적 구속력은 없다(2011두10584).

(6) 조례·정관에 대한 위임은 포괄적 위임도 가능하다. 그러나 국민의 권리·의무에 관련되는 본질적인 사항은 법률에 정하여야 한다(포괄위임금지 원칙 적용).

(7) 집행명령은 상위법령의 구체적·개별적인 위임을 근거로 하는 것이 아니다. 집행명령은 국민의 권리·의무에 관한 사항을 정할 수는 없으며, 새로운 법규사항(국민의 권리·의무에 관한 사항)을 규정하였다면 그 집행명령은 무효이다.

(8) **근거 법령의 소멸**

① **위임명령** : 위임명령은 그 근거법인 법률 또는 상위명령이 법개정으로 소멸하여 위임의 근거가 없어지게 되면 그때부터 무효인 법규명령이 된다. 법에 위임의 근거가 없어 무효였더라도 사후에 법개정으로 위임의 근거가 부여되면 그때부터는 유효한 법규명령이 된다.

② **집행명령** : 집행명령도 상위법령이 폐지되면 특별한 규정이 없는 한 실효됨을 원칙으로 한다. 집행명령은 상위법령의 개정으로 근거 법령이 소멸하더라도 개정법령의 시행을 위한 집행명령이 제정·발효될 때까지는 여전히 그 효력을 유지한다.

⑼ 법규명령에 대한 통제

대법원 판결에 의하여 명령·규칙이 헌법 또는 법률에 위반된다는 것이 확정된 경우에는 대법원은 지체 없이 그 사유를 행정안전부장관에게 통보하여야 한다. 위 통보를 받은 행정안전부장관은 지체 없이 이를 관보에 게재하여야 한다.

판례 ◆

법원이 법률 하위의 법규명령, 규칙, 조례, 행정규칙 등이 위헌·위법인지를 심사하려면 그것이 재판의 전제(구체적 사건이 법원에 계속 중)가 되어야 한다. 따라서 법원이 구체적 규범통제를 통해 위헌·위법으로 선언할 심판대상은 원칙적으로 해당 규정 중 재판의 전제성이 인정되는 조항에 한정된다(2017두33985).

⑽ 행정입법부작위는 부작위위법확인소송의 대상이 아니다.

2. 행정규칙

⑴ 행정규칙은 국민의 권리·의무에 관한 사항을 새로이 규정할 수 없다.

⑵ 부령의 형식으로 규정된 처분기준은 원칙적으로 행정규칙으로 보며, 대통령령의 형식으로 규정된 처분기준은 법규명령으로 본다.

⑶ 재량권행사의 준칙인 규칙이 그 정한 바에 따라 되풀이 시행되어 행정관행으로 성립하게 되면, 자기구속의 원칙에 따라 간접적으로 대외적인 구속력을 가지게 된다.

⑷ 법령보충적 행정규칙은 상위법령(근거 법령)과 결합하여 상위법령의 일부가 됨으로써 대외적 구속력이 발생한다. 다만 법령보충적 행정규칙은 어디까지나 형식은 행정규칙이므로 그 공포를 요하지는 않는다.

⑸ 상위법령의 위임 없이 처분의 요건을 완화하여 정한 것은 행정기관 내부의 사무처리준칙을 정한 것이다.

02 행정행위

1. 행정행위의 내용에 따른 구분

(1) 법률행위적 행정행위

명령적 행정행위(하명, 허가, 면제)와 형성적 행정행위(특허, 인가, 대리)가 있다.

(2) 준법률행위적 행정행위

공증, 통지, 수리, 확인이 있다.

구분	허가	특허	인가
성질	• 명령적 행위(금지해제행위) • 원칙적으로 기속행위	• 형성적 행위(설권행위) • 원칙적으로 재량행위	• 형성적 행위(보충/효력완성) • 원칙적으로 재량행위
신청	신청 없이도 가능	신청을 요건으로 함	신청을 요건으로 함
효력	• 적법요건 • 무허가 행위 자체는 유효 • 강제집행 또는 처벌 등의 제재를 받음	• 유효요건 • 특허 없이 한 경우는 행위 자체가 무효	• 유효요건 • 인가 없이 한 경우는 행위 자체가 무효
상대	특정인, 불특정 다수인	특정인(신청인)	특정인(신청인)
수정	수정허가 가능	수정특허 원칙적 불허	수정인가 원칙적 불허

2. 허가

(1) 허가란 일반적·상대적 금지를 해제하여 자연적 자유를 회복시켜 주는 행정행위이다.

허가(기속행위)	예외적 허가(재량행위)
• 건축허가 • 일반음식점영업허가 • 자동차운전면허 • 의사면허, 한의사면허 • 통행금지해제, 입산금지해제 • 기부금품 모집허가	• 개발제한구역 내의 건축허가 • 학교환경정화구역 내의 유흥음식점허가 • 자연공원법 적용지역 내의 단란주점 영업허가 • 카지노업 허가 • 마약류취급자의 허가

(2) 허가의 성질

원칙적으로 기속행위이다. 따라서 허가권자가 공익상 필요가 없음에도 불구하고 관계 법규에서 정하는 제한사유 이외의 사유를 들어 그 허가신청을 거부할 수 없다.

하지만 예외적으로 ① 법령에서 허가를 재량행위로 규정한 경우, ② 기속행위인 허가 속에 재량행위가 포함되는 경우(건축허가에 의해 의제되는 인·허가가 재량행위인 경우, 토지형질변경 행위를 수반하는 건축허가), ③ 공익상 필요로 허가 여부에 대해 이익형량이 요구되는 경우에는 그 한도 내에서 재량행위가 된다.

(3) 무허가 행위는 강제집행이나 행정벌의 대상이 될 수는 있으나 영업의 사법상의 효력은 유효하다.

(4) 허가는 특정 법령상의 금지를 해제하여 주는 효과밖에 없으므로 특별한 규정이 없는 한 다른 법령상의 금지까지 해제하는 것은 아니다.

(5) 양도인에 대한 제재처분의 사유와 효과는 명문의 규정이 없다 하더라도 양수인에게 승계된다.

(6) 허가의 존속기간

> **판례**
>
> ▶ 장기계속성이 예정되어 있는 허가에 붙은 기한이 그 허가된 사업의 성질상 부당하게 짧은 경우에는 그 기한을 허가 자체의 존속기한이 아니라 허가조건의 존속기한으로 보아야 한다(2005두12404).
>
> ▶ 유효기간이 경과한 후에 당사자의 갱신신청이 있으면 주된 행정행위의 효력이 상실된 후에 신청한 경우이므로 기간의 연장신청이 아니라 새로운 허가신청으로 보아야 한다(2005두12404).
>
> ▶ 허가조건의 존속기간으로 보더라도 기존의 연장 기간을 포함한 존속기간 전체를 기준으로 보아 행정청은 더 이상의 기간연장을 불허가할 수 있다(2003두12837).

3. 인·허가의제 제도

(1) 인·허가의제 제도는 행정기관의 권한에 변경을 가져오는 것이므로 명시적인 법적 근거가 있어야 한다.

(2) 주된 인·허가 행정청은 주된 인·허가를 하기 전에 관련 인·허가에 관하여 미리 관련 인·허가 행정청과 협의하여야 한다.

(3) 협의가 된 사항에 대해서는 주된 인·허가를 받았을 때 관련 인·허가를 받은 것으로 본다.

(4) 인·허가의제의 효과는 주된 인·허가의 해당 법률에 규정된 관련 인·허가에 한정된다.

> **판례**

▶ 관련 인허가의제 제도는 사업시행자의 이익을 위하여 만들어진 것이므로, 사업시행자가 반드시 관련 인허가 의제 처리를 신청할 의무가 있는 것은 아니다(2019두31839).

▶ 주된 인·허가처분이 관계기관의 장과 협의를 거쳐 발령된 이상 의제되는 인·허가에 법령상 요구되는 절차는 거칠 필요가 없다(92누1162).

▶ 주된 인허가에 의해 의제되는 관련 인허가는 원칙적으로 주된 인허가를 시행하는 데 필요한 범위 내에서만 그 효력이 유지된다(2009두18547).

▶ 행정청이 주된 인허가를 불허하는 처분을 하면서 주된 인허가 사유와 의제되는 인허가 사유를 함께 제시한 경우 주된 인허가에 대한 거부처분을 대상으로 소송을 제기하여야 한다(99두10988).

▶ 의제된 인허가에 하자가 있어 이해관계인이 위법함을 다투고자 하는 경우, 취소를 구할 대상은 의제된 인허가이다(2016두38792).

4. 특허

특허란 특정 상대방을 위하여 새로운 권리 등을 설정하는 행위이다. 양립할 수 없는 이중의 특허가 있게 되면 후행의 특허는 무효이다.

- 마을버스운송사업면허, 개인택시운송사업면허
- 공물사용권의 특허(도로점용허가, 하천점용허가, 공유수면점용허가)
- 보세구역의 설치·영업
- 광업허가, 어업면허
- 주택재건축조합설립인가
- 토지수용을 위한 사업인정
- 공무원임용
- 귀화허가, 체류자격변경허가

5. 인가

(1) 인가는 제3자의 법률행위를 보충하여 그 법률적 효과를 완성시켜 주는 행정행위이다. 따라서 인가를 받아야 될 행위를 인가를 받지 않고 한 행위는 무효이다.

- 재단법인의 정관변경허가
- 자동차정비조합설립인가
- 주택재건축사업시행인가
- 토지거래계약 허가
- 사립학교법인 이사취임승인처분

⑵ 인가의 보충성

인가는 보충적 행위이며, 그 법률행위의 하자를 치유하는 효력이 있는 것은 아니다. 따라서 기본적 법률행위가 불성립 또는 무효인 경우는 인가가 있어도 그 법률행위가 치유가 되는 것은 아니며, 또한 유효하게 성립된 기본적 법률행위가 사후에 실효되면, 인가도 당연히 효력을 상실한다.

기본행위	인가	소송대상
하자	적법	기본행위
적법	하자	인가

⑶ 주택재개발정비사업조합

기본행위(하자)	인가(적법)	소송유형
조합설립결의	조합설립인가(특허)	항고소송(인가가 소송대상)
조합총회결의	• 사업시행계획인가 • 관리처분계획인가	• 당사자소송(인가 전) • 항고소송(인가 후)

6. 확인

⑴ 확인이란 특정한 사실 또는 법률관계에 관하여 의문이나 다툼이 있는 경우에 행정청이 공적 지위에서 판단하는 의사표시를 말한다.

⑵ 확인은 기속행위이다. 따라서 원칙적으로 부관을 붙일 수 없다.

⑶ 확인이 이루어진 후에는 불가변력이 발생한다.

> • 행정심판 재결
> • 준공검사처분
> • 국가시험합격자결정
> • 발명특허
> • 민주화운동관련자 결정
> • 당선인결정
> • 병역법상의 신체검사
> • 도로구역 · 하천구역결정
> • 소득세부과를 위한 소득금액결정
> • 국가유공자등록결정
> • 친일재산에 대한 조사위원회의 국가귀속결정

7. 공증

공증이란 특정 사실 또는 법률관계의 존부를 공적으로 증명하는 행정행위를 말한다. 공증은 의문이나 다툼이 없는 사항을 대상으로 하는 점에서 확인과 구별된다.

> • 당선증서 · 합격증서와 같은 각종 증명서 발급
> • 주민등록등초본 · 여권 · 인감증명서 발급
> • 각종 등록(외국인등록, 차량등록, 주민등록)
> • 각종 등재(토지대장, 건축물대장, 임야대장, 선거인 명부)

처분성 부정(원칙)	처분성 긍정(예외)
• 임야대장 등재 · 등재사항 변경 • 인감증명행위 • 토지대장상의 소유자명의변경신청 거부 • 토지대장상의 지번복구신청 거부 • 무허가건물관리대장 삭제행위	• 지목변경신청 반려 • 지적 소관청의 토지분할신청 거부 • 토지면적등록 정정신청 반려 • 건축물대장의 용도변경신청 거부 • 건축물대장의 작성신청 거부 • 토지대장 직권 말소

03 재량행위와 기속행위

1. 재량행위의 심사

행정청이 제재처분 양정을 하면서 공익과 사익의 형량을 전혀 하지 않았거나 이익형량의 고려대상에 마땅히 포함하여야 할 사항을 누락한 경우 또는 이익형량을 하였으나 정당성 · 객관성이 결여된 경우에는 제재처분은 재량권을 일탈 · 남용한 것이라고 보아야 한다(2019두52980).

2. 기속행위의 심사

법원이 사실인정과 관련 법규의 해석 · 적용을 통하여 일정한 결론을 도출한 후 그 결론에 비추어 행정청이 한 판단의 적법 여부를 독자의 입장에서 판정하는 방식에 의한다(98두17593).

04 다단계 행정행위와 확약

1. 유형

구분	처분성	신뢰보호원칙	사례
확약	×	○	어업면허 우선순위결정
사전결정	○	○	폐기물처리업에 대한 사전적정통보
부분허가	○	○	원자로건설의 부지사전승인
가행정행위	○	×	직위해제처분

판례

▶ 폐기물처리업의 허가에 앞서 사업계획서에 대한 심사를 한 경우 허가단계에서는 나머지 허가요건만을 심사한다(97누21086).

▶ 폐기물처리업 허가권자의 사업계획서에 대한 부적정 통보는 행정처분에 해당한다(97누21086).

▶ 자진신고자에 대하여 과징금 부과처분(선행처분)을 한 뒤, 자진신고 등을 이유로 한 과징금 감면처분(후행처분)을 하였다면 선행처분은 후행처분에 흡수되어 소멸한다(2013두987).

▶ 확약 또는 공적인 의사표명이 있은 후에 사실적·법률적 상태가 변경되었다면, 그와 같은 확약 또는 공적인 의사표명은 행정청의 별다른 의사표시를 기다리지 않고 실효된다(95누10877).

2. 확약

(1) 확약은 그 대상인 본 행정행위를 할 수 있는 권한을 가진 행정청이 그 권한의 범위 내에서 행하여야 한다.

(2) 확약은 문서로 하여야 한다.

(3) 행정청은 다른 행정청과의 협의 등의 절차를 거쳐야 하는 처분에 대하여 확약을 하려는 경우에는 확약을 하기 전에 그 절차를 거쳐야 한다.

(4) 행정청은 확약에 기속된다. 다만, ① 법령 등이나 사정이 변경된 경우와 ② 확약이 위법한 경우에는 확약에 기속되지 아니한다.

05 부관

> **행정기본법 제17조【부관】** ① 행정청은 처분에 재량이 있는 경우에는 부관(조건, 기한, 부담, 철회권의 유보 등을 말한다. 이하 이 조에서 같다)을 붙일 수 있다.
> ② 행정청은 처분에 재량이 없는 경우에는 법률에 근거가 있는 경우에 부관을 붙일 수 있다.

1. 법률효과의 일부배제

법률효과의 일부배제(⑩ 버스노선지정, 도로점용허가시 야간만 사용, 택시격일제 운행, 영업구역을 설정한 영업허가)는 관계법령에 명시적 근거가 있는 경우에만 허용된다.

2. 사후부관의 인정

① 법률에 근거가 있는 경우, ② 당사자의 동의가 있는 경우, ③ 사정이 변경되어 해당 처분의 목적을 달성할 수 없는 경우에는 처분을 한 후에도 부관을 새로 붙이거나 종전의 부관을 변경할 수 있다.

3. 부담과 조건의 비교

부담과 조건의 구별이 불명확할 때에는 부담으로 본다.

구분	부담	조건
주된 행정행위의 효력	• 처음부터 완전한 효력 발생 • 부담부 행정행위는 상대방이 의무를 이행하지 않은 경우에도 당연히 그 효력이 소멸되지는 않음 • 부담부 행정처분에 있어서 처분의 상대방이 부담(의무)을 이행하지 아니한 경우에 처분행정청으로서는 이를 들어 당해 처분을 취소(철회)할 수 있음	• 정지조건 : 조건성취에 의해 효력 발생 • 해제조건 : 조건성취에 의해 효력 소멸
쟁송	부담만의 독립쟁송 및 취소 가능	독립하여 쟁송의 대상이 되지 못함

4. 하자 있는 부관에 대한 쟁송

부담에 대해서는 부담만을 소송의 대상으로 하는 일부취소소송(진정일부취소소송)이 가능하다. 부담 외의 부관에 대해서는 독립하여 다툴 수 없기 때문에 부관이 붙은 행정행위 전체를 소송의 대상으로 삼아서 부관만의 취소를 구하는 소(부진정일부취소소송)는 허용될 수 없고, 각하판결을 하여야 한다. 따라서 부관부 행정행위 전체의 취소를 구하든지, 아니면 먼저 행정청에 부관이 없는 처분으로 변경하여 줄 것을 청구한 다음 그것이 거부되면 그에 대한 거부처분 취소소송을 제기하여야 한다.

판례

▶ 수익적 행정처분에 있어서는 법령에 특별한 근거규정이 없다고 하더라도 그 부관으로서 부담을 붙일 수 있다(96다49650).

▶ 일반적으로 기속행위에는 부관을 붙일 수 없고 부관을 붙였다 하더라도 무효이다(94다56883).

▶ 부담은 그 내용을 협약의 형식으로 미리 정한 다음 행정처분을 하면서 이를 부가할 수도 있다(2005다65500).

▶ 행정청이 수익적 행정처분을 하면서 부가한 부담의 위법 여부는 처분 당시 법령을 기준으로 판단하여야 한다(2005다65500).

▶ 부담이 처분 당시 법령을 기준으로 적법하다면 처분 후 부담의 전제가 된 주된 행정처분의 근거 법령이 개정됨으로써 행정청이 더 이상 부관을 붙일 수 없게 되었다 하더라도 곧바로 위법하게 되거나 그 효력이 소멸하게 되는 것은 아니다(2005다65500).

▶ 공법상의 제한을 회피할 목적으로 사법상 계약을 체결하는 형식으로 부관을 부과하는 것은 위법하다(2007다63966).

▶ 매립지 일부에 대하여 한 국가귀속처분은 독립하여 행정소송 대상이 될 수 없다(93누2032).

▶ 부담의 이행으로서 하게 된 사법상 매매 등의 법률행위는 부담을 붙인 행정처분과는 어디까지나 별개의 법률행위이므로 그 부담의 불가쟁력의 문제와는 별도로 법률행위가 사회질서 위반이나 강행규정에 위반되는지 여부 등을 따져보아 그 법률행위의 유효 여부를 판단하여야 한다(2006다18174).

▶ 부담인 부관이 무효인 경우에도 그 부담의 이행으로 한 사법상 법률행위가 당연히 무효가 되는 것은 아니다(95다3541).

▶ 토지소유자가 토지형질변경행위허가에 붙은 기부채납의 부관에 따라 토지를 국가나 지방자치단체에 기부채납(증여)한 경우, 기부채납의 부관이 당연무효이거나 취소되지 아니한 이상 토지소유자는 위 부관으로 인하여 증여계약의 중요부분에 착오가 있음을 이유로 증여계약을 취소할 수 없다(98다53134).

▶ 도로점용허가의 점용기간은 행정행위의 본질적인 요소에 해당하므로, 부관에 있어서 위법사유가 있다면 이로써 도로점용허가 처분 전부가 위법하게 된다(84누604).

06 행정행위의 효력

1. 공정력

(1) 공정력이란 행정행위의 성립에 하자가 있는 경우에도 그것이 중대·명백하여 당연무효로 인정되는 경우를 제외하고는, 권한 있는 기관(처분청, 감독청, 행정심판위원회, 행정법원)에 의하여 취소되기까지는 상대방·이해관계인 및 다른 행정청뿐만 아니라 법원(민·형사법원)도 그 효력을 부인할 수 없는 힘을 말한다.

(2) 처분청의 경우에는 자신의 행정행위를 직권으로 취소할 수 있으므로 공정력에 구속되지 않는다.

(3) **선결문제**

　① **행정행위의 위법성 여부가 선결문제인 경우(손해배상)**: 민사법원은 선결문제로 행정행위의 위법성을 판단할 수 있다.

　② **행정행위의 효력 유무가 선결문제인 경우(부당이득)**: 조세부과처분이 무효 또는 부존재인 경우에는 민사법원이 직접 행정행위의 무효를 판단할 수 있다(부당이득에 대한 판단 ○). 그러나 조세부과처분이 취소사유인 경우 공정력이 발생하므로 민사법원이 독자적으로 심리·판단하여 조세부과처분을 취소할 수는 없다(부당이득에 대한 판단 ×).
　　부당이득반환청구가 인용되기 위해서는 그 처분이 취소되어야 한다. 그러나 그 처분의 취소가 확정되어야 하는 것은 아니다.

2. 불가쟁력(형식적 존속력) - 행정행위의 상대방 또는 이해관계인에게 발생하는 효력

(1) 불가쟁력이 인정되는 행정행위는 취소사유인 경우에 국한된다. 무효인 행정행위는 제소기간의 제한을 받지 않으므로 불가쟁력이 발생하지 않는다.

(2) 불가쟁력이 생긴 행정행위라도 위법성이 확인되면 국가배상법에 따른 배상청구가 가능하다. 그러나 불가쟁력이 발생한 경우 취소사유가 있더라도 부당이득반환청구는 인정되지 않는다.

(3) 불가쟁력이 발생한 행정행위에 대하여는 변경신청권이 없다.

(4) 불가쟁력이 생긴 행정행위라도 위법성이 확인되었을 때 행정청이 직권으로 취소할 수 있다.

(5) 불가쟁력은 그 처분이나 재결의 효력을 더 이상 다툴 수 없다는 의미일 뿐, 기판력이 인정되는 것은 아니어서 그 처분의 기초가 된 사실관계나 법률적 판단이 확정되고 당사자들이나 법원이 이에 기속되어 모순되는 주장이나 판단을 할 수 없게 되는 것은 아니다.

구분	불가쟁력	불가변력
대상	행정행위의 상대방 및 이해관계인	처분청과 상급감독기관 등의 행정기관
사유	쟁송기간의 도과, 판결의 확정	예외적으로 특별한 경우
한계	무효인 행정행위에는 부정	무효인 행정행위에는 부정
범위	모든 행정행위	확인행위, 준사법적 행위 등 특정한 행정행위
관계	• 불가쟁력이 발생한 경우에도 불가변력이 발생하지 않은 한 행정청은 직권취소가 가능 • 불가변력이 발생한 경우에도 불가쟁력이 발생하지 않은 한 상대방은 쟁송제기가 가능	

⑹ 재심사 신청

행정기본법 제37조【처분의 재심사】① 당사자는 처분(제재처분 및 행정상 강제는 제외한다. 이하 이 조에서 같다)이 행정심판, 행정소송 및 그 밖의 쟁송을 통하여 다툴 수 없게 된 경우(법원의 확정판결이 있는 경우는 제외한다)라도 다음 각 호의 어느 하나에 해당하는 경우에는 해당 처분을 한 행정청에 처분을 취소·철회하거나 변경하여 줄 것을 신청할 수 있다.

  1. 처분의 근거가 된 사실관계 또는 법률관계가 추후에 당사자에게 유리하게 바뀐 경우

  2. 당사자에게 유리한 결정을 가져다주었을 새로운 증거가 있는 경우

  3. 「민사소송법」 제451조에 따른 재심사유에 준하는 사유가 발생한 경우 등 대통령령으로 정하는 경우

③ 제1항에 따른 신청은 당사자가 제1항 각 호의 사유를 안 날부터 60일 이내에 하여야 한다. 다만, 처분이 있은 날부터 5년이 지나면 신청할 수 없다.

⑤ 처분의 재심사 결과 중 처분을 유지하는 결과에 대해서는 행정심판, 행정소송 및 그 밖의 쟁송수단을 통하여 불복할 수 없다.

07 하자의 승계

1. 하자의 승계 문제

하자의 승계 문제는 선행처분과 후행처분이 서로 결합하여 1개의 법률효과를 완성하는 경우 발생한다.

2. 요건

(1) 선행행위에는 당연무효가 아닌 취소사유가 존재하여야 한다.

(2) 선행행위에는 불가쟁력이 발생하여야 한다.

(3) 후행행위는 그 자체에 하자가 없어야 한다(적법).

(4) 선행행위와 후행행위는 모두 항고소송의 대상이 되는 행정처분이어야 한다.

하자의 승계 인정	하자의 승계 부정
• 대집행에 있어서 계고·대집행영장통지·대집행실행·비용징수의 각 행위 사이 • 조세체납처분에 있어서 독촉·압류·매각·청산의 각 행위 사이 • 개별공시지가결정과 과세처분 • 표준지공시지가결정과 수용재결(보상금결정) • 친일반민족행위자 결정처분과 독립유공자법 적용배제자 결정처분 • 한지의사시험자격인정과 한지의사면허처분 • 안경사국가시험합격무효처분과 안경사면허취소처분	• 건물철거명령과 대집행행위 사이 • 조세부과처분과 체납처분 • 표준공시지가결정과 개별공시지가결정 • 표준공시지가결정과 과세처분

08 행정행위의 취소와 철회

구분	직권취소	쟁송취소
주체	행정청(처분청 또는 감독청)	행정심판위원회 또는 행정법원
대상	• 부담적 행정행위: 가능 • 수익적 행정행위: 가능(제한) • 제3자효 행정행위: 가능(제한) • 불가변력이 발생한 행정행위: 불가능 • 불가쟁력이 발생한 행정행위: 가능	• 부담적 행정행위: 가능 • 수익적 행정행위: 불가능 • 제3자효 행정행위: 가능 • 불가변력이 발생한 행정행위: 가능 • 불가쟁력이 발생한 행정행위: 불가능
사유	위법·부당	• 위법(행정소송) • 위법·부당(행정심판)
근거	법적 근거 불요	행정심판법, 행정소송법
기간	기간의 제한이 없음(취소소송이 진행 중이라도 그 처분청은 위법한 처분을 스스로 취소할 수 있음)	쟁송기간의 제한이 있음

(1) 취소는 행정행위의 원시적 하자를 이유로 하는 데 비하여, 철회는 후발적 사유에 기하여 그 효력을 소멸시키는 것이다.

(2) 취소는 처분청·감독청이 할 수 있으나, 철회는 처분청만이 할 수 있다.

(3) 취소의 효과는 원칙적으로 소급하는 데 비하여, 철회는 장래에 향하여만 발생한다.

> **판례** ◆

▶ 직권취소를 할 수 있다는 사정만으로 이해관계인에게 처분청에 대하여 그 취소를 요구할 신청권이 부여된 것으로 볼 수는 없다(2004두701).

▶ 행위의 일부에만 취소사유가 있고 그 행위가 가분적일 때는 일부취소가 가능하다(99두12243).

▶ 연금지급결정을 취소하는 처분이 적법하다고 하여 그에 터 잡은 징수처분이 반드시 적법한 것은 아니다 (2013두27159).

▶ 부담적 행정행위의 취소를 다시 직권취소하여 원행정처분을 소생시킬 수는 없다(2001두9653).

▶ 경찰서장이 운전면허취소처분을 하기 위해 운전면허정지처분을 철회하는 것은 허용될 수 없다(99두10520).

09 행정계획

처분성 인정	처분성 부정
• 도시재개발법상의 관리처분계획 • 택지개발 예정지구지정과 택지개발계획 승인 • 환지예정지 지정이나 환지처분 • 개발제한구역 지정처분	• 도시기본계획 • 4대강 살리기 마스터플랜 • 환지계획 • 대학입학고사 주요 요강(헌법소원의 대상 ○)

판례

▶ 기존 도시계획과 다른 도시계획을 결정·고시한 경우, 선행 도시계획은 후행 도시계획으로 적법하게 변경되었다고 본다. 그러나 후행 도시계획의 결정을 하는 행정청이 선행 도시계획의 결정·변경 등에 관한 권한을 가지고 있지 아니한 경우, 선행 도시계획과 양립할 수 없는 내용이 포함된 후행 도시계획결정은 무효이다(99두11257).

▶ 행정계획은 광범위한 형성의 자유를 가지는 재량에 해당한다. 따라서 전혀 비교교량하지 아니하였거나 비교교량을 하였더라도 그 정당성과 객관성이 결여되어 비례의 원칙에 위반되었다고 볼 만한 사정이 없는 이상, 그 행정계획은 재량권을 일탈·남용한 위법한 것이라고 할 수 없다(2022두61816).

▶ 계획존속청구권과 계획변경신청권은 원칙적으로 부정된다(93누22029).

▶ 일정한 행정처분을 구하는 신청을 할 수 있는 법률상 지위에 있는 자의 국토이용계획변경신청을 거부하는 것이 실질적으로 당해 행정처분 자체를 거부하는 결과가 되는 경우에는 예외적으로 그 신청인에게 국토이용계획변경을 신청할 권리가 인정된다(2001두10936).

▶ 도시계획구역 내 토지 등을 소유하고 있는 주민에게는 입안권자에게 도시계획입안을 요구할 수 있는 법규상 또는 조리상의 신청권이 있다(2003두1806).

▶ 문화재보호구역 내에 있는 토지소유자 등은 위 보호구역의 지정해제를 요구할 수 있는 신청권이 있다(2003두8821).

10 행정지도

1. 의의

행정지도란 행정기관이 그 소관사무의 범위 안에서 일정한 행정목적을 실현하기 위하여 특정인에게 일정한 행위를 하거나 하지 아니하도록 지도·권고·조언 등을 하는 행정작용을 말한다.

> **행정절차법**
>
> **제48조【행정지도의 원칙】** ① 행정지도는 그 목적 달성에 필요한 최소한도에 그쳐야 하며, 행정지도의 상대방의 의사에 반하여 부당하게 강요하여서는 아니 된다.
>
> ② 행정기관은 행정지도의 상대방이 행정지도에 따르지 아니하였다는 것을 이유로 불이익한 조치를 하여서는 아니 된다.
>
> **제49조【행정지도의 방식】** ① 행정지도를 하는 자는 그 상대방에게 그 행정지도의 취지 및 내용과 신분을 밝혀야 한다.
>
> ② 행정지도가 말로 이루어지는 경우에 상대방이 제1항의 사항을 적은 서면의 교부를 요구하면 그 행정지도를 하는 자는 직무 수행에 특별한 지장이 없으면 이를 교부하여야 한다.
>
> **제50조【의견제출】** 행정지도의 상대방은 해당 행정지도의 방식·내용 등에 관하여 행정기관에 의견제출을 할 수 있다.
>
> **제51조【다수인을 대상으로 하는 행정지도】** 행정기관이 같은 행정목적을 실현하기 위하여 많은 상대방에게 행정지도를 하려는 경우에는 특별한 사정이 없으면 행정지도에 공통적인 내용이 되는 사항을 공표하여야 한다.

2. 권리구제 수단

(1) 행정쟁송 제기의 인정 여부

행정지도는 비권력적 사실행위로서 행정쟁송의 대상이 아니다.

판례

▶ 행정규칙에 의한 '불문경고조치'는 처분에 해당한다(2001두3532).

▶ 국가인권위원회의 성희롱결정과 이에 따른 시정권고는 처분에 해당한다(2005두487).

▶ 공정거래위원회의 표준약관 사용권장 행위는 처분에 해당한다(2008두23184).

(2) 손해배상청구

행정지도는 직무행위에 해당한다. 다만, 인과관계 입증이 어렵다.

(3) 헌법소원 제기 가능성

행정지도는 헌법소원의 대상인 공권력의 행사로 보기 어렵다. 다만, 예외적으로 규제적·구속적 성격이 강한 경우 헌법소원의 대상인 공권력의 행사에 해당한다.

판례

교육인적자원부장관의 학칙시정요구는 헌법소원의 대상이 되는 공권력 행사이다(2002헌마337).

기출지문 OX

◆ 빠른 정답 찾기 p.158
◆ 정답 및 해설 p.163

001 입법 실제에 있어서 통상 대통령령에는 시행령이라는 이름을 붙이고 총리령과 부령에는 시행규칙이라는 이름을 붙인다. ◯⨯

002 감사원규칙은 총리령·부령과 마찬가지로 헌법에 명시적 근거가 있으므로 법규명령으로서의 효력을 갖는다. ◯⨯

003 헌법이 규정하고 있는 위임입법의 형식은 열거적인 것이다. ◯⨯

004 법 집행기관의 자의적 법집행이 배제되는지 여부는 법규범의 명확성 판단기준이 될 수 없다. ◯⨯

005 범죄구성요건을 포괄적·추상적으로 법규명령에 위임하는 것도 가능하다. ◯⨯

006 위임명령이 법률에서 위임받은 사항에 관하여 대강을 정하고 그중 특정 사항을 범위를 정하여 하위법령에 다시 위임하는 것은 재위임금지의 원칙에 따라 허용되지 않는다. ◯⨯

007 법령의 위임이 없음에도 법령에 규정된 처분 요건에 해당하는 사항을 부령에서 변경하여 규정한 경우에 그 규정은 국민에 대한 대외적 구속력이 없다. ◯⨯

008 조례에 대한 법률의 위임은 반드시 구체적으로 범위를 정해서만 할 수 있으며 포괄적 위임은 허용되지 않는다. ◯⨯

009 법률이 자치법적 사항을 공법적 단체의 정관에 위임하는 경우에는 포괄적 위임금지원칙이 적용되지 않는다. ◯⨯

010 집행명령은 법률의 명시적 위임규정이 없더라도 제정할 수 있다. ◯⨯

011 상위법령의 집행을 위하여 필요한 경우에는 상위법령의 위임이 없더라도 집행명령으로 새로운 국민의 의무를 정할 수 있다. ◯⨯

012 법규명령의 위임근거가 되는 법률에 대하여 위헌결정이 선고되면 그 위임에 근거하여 제정된 법규명령도 원칙적으로 효력을 상실한다. ☐O☐X

013 법규명령이 위임의 근거가 없어 무효라면 나중에 법 개정으로 위임의 근거가 부여되더라도 유효한 법규명령이 될 수 없다. ☐O☐X

014 법률의 위임에 의해 효력을 갖게 된 법규명령이 법률의 개정으로 위임의 근거가 없어지게 되면 소급하여 무효인 법규명령이 된다. ☐O☐X

015 상위법령이 개정된 경우 종전의 집행명령은 당연히 실효된다. ☐O☐X

016 법규명령은 원칙적으로 구체적 규범통제의 대상이 된다. ☐O☐X

017 행정입법이 대법원에 의하여 위법하다는 판정이 있더라도 일반적으로 그 효력이 상실되는 것은 아니다. ☐O☐X

018 대법원 판결에 의해 명령·규칙이 헌법 또는 법률에 위반된다는 것이 확정된 경우에는 대법원은 지체 없이 그 사유를 법무부장관에게 통보하여야 한다. ☐O☐X

019 법원이 구체적 규범통제를 통해 위헌·위법으로 선언할 심판대상은 원칙적으로 재판의 전제성이 인정되는 조항에 한정된다. ☐O☐X

020 행정부가 제정한 규칙이 별도의 집행행위를 기다리지 않고 직접 국민의 기본권을 침해하고 있는 경우에는 헌법소원의 대상이 된다. ☐O☐X

021 행정입법부작위는 부작위위법확인소송의 대상이 된다. ☐O☐X

022 재량준칙의 제정에는 법령상 근거가 필요하다. ☐O☐X

023 상급행정기관의 소속 공무원에 대한 업무처리지침은 일반적으로 행정조직 내부에서만 효력을 가진다. ☐O☐X

024 법령보충적 행정규칙은 상위법령과 결합하여 대외적 구속력이 있는 법규명령으로서의 효력을 가진다. ☐O☐X

025 제재적 처분기준이 부령의 형식으로 규정되어 있는 때에는 국민에게 법적 구속력이 없다. ○│×

026 행정절차법상 처분의 기준이 되는 재량준칙을 변경하는 경우 이를 공표할 필요가 없다. ○│×

027 상급행정기관은 감독권에 근거하여서는 하급행정기관에 대한 행정규칙을 발할 수 없다. ○│×

028 행정규칙에서 정한 요건을 충족하지 않으면 그 처분은 절차상의 하자로 위법한 처분이 된다. ○│×

029 행정규칙은 대외적인 행위가 아니라 행정조직 내부에서의 행위이므로 원칙상 헌법소원의 대상이 되는 공권력 행사가 아니다. ○│×

030 처분이 행정규칙을 따른 것이면 적법성이 보장된다. ○│×

031 처분이 행정규칙을 위반하였다고 해서 그러한 사정만으로 곧바로 위법하게 되는 것은 아니다. ○│×

032 행정규칙에 따른 처분의 적법성 여부는 상위법령의 규정과 입법 목적 등에 적합한지 여부에 따라 판단해야 한다. ○│×

033 고시가 국민의 기본권을 제한하는 내용을 담고 있어 상위법령과 결합하여 대외적 구속력을 가질 때에는 법규명령으로서의 성격을 가진다. ○│×

034 고시와 같은 형식으로 입법위임을 할 때에는 법령이 전문적·기술적 사항이나 경미한 사항으로서 업무의 성질상 위임이 불가피한 사항에 한정된다. ○│×

035 허가는 반드시 신청을 전제로 하는 것은 아니다. ○│×

036 국토의 계획 및 이용에 관한 법률에 의하여 지정된 도시지역 안에서 토지의 형질변경행위를 수반하는 건축허가의 법적 성질은 기속행위이다. ○│×

037 건축허가는 대물적 성질을 갖는 것이어서 그 허가를 할 때에 인적 요소에 관해서는 형식적 심사만 한다. ☐○☐×

038 허가권자는 중대한 공익상의 필요가 없는데도 관계 법령에서 정한 제한 사유 이외의 사유를 들어 적법한 건축허가 신청을 거부할 수 없다. ☐○☐×

039 허가가 있으면 당해 허가의 대상이 된 행위에 대한 금지가 해제될 뿐만 아니라 타법에 의한 금지까지 해제된다. ☐○☐×

040 허가에 붙은 기한이 그 허가된 사업의 성질상 부당하게 짧은 경우에는 그 허가조건의 존속기간 으로 보아야 한다. ☐○☐×

041 타법상의 인·허가가 의제되는 허가를 하는 경우, 행정청은 타법상의 인·허가 요건에 대한 심사 없이 허가처분을 할 수 있다. ☐○☐×

042 인·허가의제를 받으려면 주된 인·허가를 신청할 때, 불가피한 사유로 함께 제출할 수 없는 경우가 아니라면 관련 인·허가에 필요한 서류를 함께 제출하여야 한다. ☐○☐×

043 주된 인·허가 행정청은 주된 인·허가를 하기 전에 관련 인·허가에 관하여 미리 관련 인· 허가 행정청과 협의하여야 한다. ☐○☐×

044 인·허가의제의 효과는 주된 인·허가의 해당 법률에 규정된 관련 인·허가에 한정된다. ☐○☐×

045 인·허가의제의 경우 관련 인·허가 행정청은 관련 인·허가를 직접 한 것으로 보아 관계 법령에 따른 관리·감독 등 필요한 조치를 하여야 한다. ☐○☐×

046 인·허가의제 제도는 사업시행자의 이익을 위하여 만들어진 것이므로 사업시행자가 반드시 관련 인·허가의제 처리를 신청할 의무가 있다. ☐○☐×

047 공유수면 관리 및 매립에 관한 법률상 공유수면점용허가는 기속행위이다. ☐○☐×

048 재외동포에 대한 사증발급과 관련한 재량권 불행사는 그 자체로 재량권 일탈·남용에 해당하지 않으므로 해당 처분을 취소하여야 할 위법사유가 되지 않는다. ○×

049 법령상 감경사유가 있는 경우 이를 전혀 고려하지 않은 과징금 부과처분은 위법하다. ○×

050 행정청이 제재처분 양정을 하면서 이익형량을 하였다면 그 양정에 정당성·객관성이 결여된 경우라도 위법은 아니다. ○×

051 확약은 일방적 행위라는 점에서 복수당사자의 의사의 합치인 공법상 계약과는 구분된다. ○×

052 확약은 종국적 규율이 아니라는 점에서 종국적 규율을 하는 사전결정이나 부분허가와 구분된다 ○×

053 어업권면허에 선행하는 우선순위결정은 강학상 확약에 불과하고, 행정처분은 아니다. ○×

054 확약 이후에 사실상태 또는 법적 상태가 변경된 경우에도 확약의 구속성이 상실되기 위해서는 행정청의 별도의 의사표시가 있어야 한다. ○×

055 확약은 정당한 권한을 가진 행정청에 의해서 그 권한의 범위 내에서만 발해질 수 있다. ○×

056 재량행위에는 법령에 특별한 규정이 없다면 부관을 붙일 수 없다. ○×

057 일반적으로 기속행위에는 부관을 붙일 수 없고 부관을 붙였다 하더라도 이는 무효이다. ○×

058 하천법상 하천부지 점용허가에는 그 성질상 부관을 붙일 수 없다. ○×

059 법정부관에 대해서는 행정행위에 부관을 붙일 수 있는 한계에 관한 일반적인 원칙이 적용되지 않는다. ○×

060 법률이 예정하는 행정행위의 효과를 일부 배제하는 부관도 인정된다. ☐☒

061 사정변경으로 인하여 당초에 부담을 부가한 목적을 달성할 수 없게 된 경우에는 그 목적 달성에 필요한 범위에서 부담의 내용을 변경할 수 있다. ☐☒

062 부담부 행정행위의 경우에는 부담을 이행하여야 주된 행정행위의 효력이 발생한다. ☐☒

063 부담을 불이행한 것만으로는 주된 행정행위의 효력이 소멸하지 않는다. ☐☒

064 부담에 의해 부과된 의무를 상대방이 불이행할 경우 처분청은 주된 행정행위를 철회할 수 있다. ☐☒

065 조건이 성취되어야 행정행위의 효력이 발생하는 부관은 해제조건이다. ☐☒

066 부담의 내용을 미리 협약의 형식으로 정한 다음 처분을 하면서 이를 부담으로 부가하는 것은 허용되지 않는다. ☐☒

067 행정처분에 붙인 부담인 부관이 무효가 되면 그 부담의 이행으로 한 사법상 법률행위도 당연히 무효가 된다. ☐☒

068 기부채납의 부관이 당연무효이거나 취소되지 아니한 이상 부관으로 인한 증여계약의 중요부분의 착오를 이유로 증여계약을 취소할 수 없다. ☐☒

069 행정처분과 실체적 관련성이 없어 부관으로 붙일 수 없는 부담이더라도 사법상 계약의 형식으로 처분의 상대방에게 그 부담을 부과할 수 있다. ☐☒

070 행정행위의 부관 가운데 부담은 그 자체로 항고소송의 대상이 될 수 있다. ☐☒

071 어업면허처분 중 면허의 유효기간만 취소하여 달라는 소송을 제기하는 것은 허용될 수 없다. ☐☒

072 기부채납받은 행정재산에 대한 사용·수익허가에 있어서 공유재산 관리청이 정한 사용·수익허가의 기간은 독립하여 취소소송의 대상이 될 수 있다. ☐☒

073 부관부 행정행위에 불복하는 경우 부관이 없는 행정행위를 발급해 줄 것을 구하는 항고소송도 가능하다. O X

074 법률이 예정하는 행정행위의 효과를 일부 배제하는 부관은 독립하여 행정소송의 대상이 될 수 있다. O X

075 공정력이란 행정행위가 위법하더라도 취소되지 않는 한 유효한 것으로 통용되는 효력을 의미한다. O X

076 행정행위가 당연무효가 아닌 한 권한 있는 기관에 의해 취소되기 전까지 누구도 그 효력을 부인할 수 없는 것은 공정력 때문이다. O X

077 행정소송법은 공정력의 실정법적 근거를 명시적으로 인정하고 있다. O X

078 공정력은 행정행위가 무효인 경우에도 인정된다. O X

079 공정력은 행정행위뿐만 아니라 행정의 사실행위에도 인정되는 효력이다. O X

080 어떤 행정행위에 공정력이 발생하면 그 처분을 한 처분청이라도 공정력을 부정하지 못한다. O X

081 행정행위의 위법 여부가 민사소송에서 선결문제가 된 경우 민사법원은 그 행정행위의 위법 여부를 판단할 수 있다. O X

082 민사소송에 있어서 어느 행정처분의 당연무효 여부가 선결문제로 되는 때에는 민사법원은 이를 판단하여 당연무효임을 전제로 판결할 수 있다. O X

083 행정사건을 선결문제로 하는 민사소송에서 법원은 무효인 행정행위의 효력을 확인할 수는 없지만, 취소할 수 있는 행정행위의 효력을 부인할 수는 있다. O X

084 연령미달의 결격자가 타인의 이름으로 운전면허시험에 응시, 합격하여 교부받은 운전면허는 당연무효는 아니다. O X

085 행정행위에 불가쟁력이 발생하면 판결에서와 같은 기판력이 발생하여 그 처분의 기초가 된 사실관계나 법률적 판단은 확정된다. ○×

086 불가변력은 행정행위의 상대방이나 이해관계인을 구속하는 효력이고 불가쟁력은 행정청을 구속하는 효력이다. ○×

087 불가변력은 모든 행정행위에 다 인정되지만, 불가쟁력은 예외적으로 일부 행정행위의 경우에만 인정된다. ○×

088 불가변력은 당해 행정행위에 대하여서만 인정되는 것이고, 동종의 행정행위라 하더라도 그 대상을 달리할 때에는 이를 인정할 수 없다. ○×

089 불가변력이 있는 행정행위일지라도 쟁송기간이 경과하지 않는 한 행정쟁송에 의한 취소가 가능하다. ○×

090 행정심판의 재결은 준사법적 행위로서 불가쟁력이 인정되므로 행정심판청구인은 제소기간의 경과 여부를 불문하고 그 재결의 효력을 다툴 수 없게 된다. ○×

091 집행력은 의무가 부과되는 행정행위에서 문제된다. ○×

092 하자 있는 행정행위가 당연무효가 되기 위하여는 그 하자가 법규의 중요한 부분을 위반한 중대한 것으로서 객관적으로 명백한 것이어야 한다. ○×

093 처분의 방식으로 문서주의를 규정한 행정절차법 제24조를 위반하여 행하여진 행정청의 처분은 원칙적으로 무효이다. ○×

094 헌법재판소에 의해 위헌으로 결정된 법률에 근거한 행정행위는 위헌결정이 있기 전에 발령된 행정행위라도 무효이다. ○×

095 불가쟁력이 발생한 과세처분의 근거법률이 후에 위헌으로 결정되었더라도 위헌결정 이후에 행한 그 과세처분에 따른 체납처분은 효력이 있다. ○×

096 하자의 치유는 무효인 행정행위에서만 인정된다. ○×

097 선행처분과 후행처분이 서로 결합하여 하나의 법률효과를 발생시키는 경우, 선행처분에 불가쟁력이 생겼으며 후행처분 자체에는 아무런 하자가 없다고 하더라도, 선행처분의 위법을 이유로 후행처분의 취소를 구할 수 있다. ☐○☐✕

098 처분의 위법은 직권취소의 사유가 되지만, 처분의 부당은 직권취소의 사유가 되지 않는다. ☐○☐✕

099 행정행위의 취소사유가 있는 경우에는 신뢰보호의 원칙 등을 고려할 필요가 없다. ☐○☐✕

100 행정행위를 한 행정청은 별도의 명시적인 법적 근거가 없다면 행정행위의 성립에 하자가 있더라도 직권으로 이를 취소할 수 없다. ☐○☐✕

101 직권취소의 경우에는 실권의 경우를 제외하고는 취소기간의 제한이 없다. ☐○☐✕

102 행정절차법상 처분의 직권취소는 처분 등이 있음을 안 날로부터 1년, 처분 등이 있은 날로부터 2년 이내에 하여야 한다. ☐○☐✕

103 쟁송취소의 효과는 당연히 소급한다. ☐○☐✕

104 허가의 취소사유가 발생하면 취소가 가능하지만 일부취소는 불가능하다. ☐○☐✕

105 취소소송의 진행 중에는 처분청은 계쟁처분을 직권취소할 수 없다. ☐○☐✕

106 수익적 행정행위의 직권취소는 제한될 수 있다. ☐○☐✕

107 당사자의 신뢰를 보호할 가치가 있는 경우에는 위법한 처분에 대해 장래를 향하여 취소할 수 있다. ☐○☐✕

108 산업재해보상보험법상 연금지급결정을 취소하는 처분이 적법하다고 하여 그에 터 잡은 징수처분이 반드시 적법한 것은 아니다. ☐○☐✕

109 수익적 행정행위의 직권취소에 대한 직권취소는 인정되지 않는다. ☐○☐✕

110 수익적 처분의 직권취소 필요성에 관한 증명책임은 처분의 상대방에 있다. ○×

111 수익적 처분에 대한 직권취소의 경우에는 행정절차법상 사전통지가 필요하지 않다. ○×

112 적법한 처분은 중대한 공익을 위하여 필요한 경우에도 그 처분의 전부를 철회할 수 없다. ○×

113 적법한 처분을 철회하는 경우에는 철회로 인하여 당사자가 입게 될 불이익을 철회로 달성되는 공익과 비교·형량할 필요는 없다. ○×

114 행정행위의 취소사유는 행정행위의 성립 당시에 존재하였던 하자를 말하고, 철회사유는 행정행위의 성립 이후에 새로이 발생한 것으로서 행정행위의 효력을 존속시킬 수 없는 사유를 말한다. ○×

115 행정행위를 한 행정청은 별도의 명시적인 법적 근거가 없다면 원래의 행정행위를 그대로 존속시킬 필요가 없게 된 사정변경이 생겼더라도 이를 철회할 수 없다. ○×

116 상급행정청은 하급행정청에 대한 감독권 행사의 일환으로 하급행정청이 한 행정행위를 직접 철회할 수 있다. ○×

117 행정계획은 헌법소원의 대상이 될 수 없다. ○×

118 도시기본계획은 일반 국민에 대한 직접적인 구속력은 있다. ○×

119 서로 양립할 수 없는 내용의 도시·군관리계획이 중복되어 결정·고시되었다면 특별한 사정이 없는 한 선행 계획은 후행 계획과 같은 내용으로 적법하게 변경된 것으로 보아야 한다. ○×

120 행정주체가 행정계획을 입안·결정하는 데에는 광범위한 계획재량을 가지더라도, 행정계획에 관련된 자들의 이익을 공익 상호 간과 사익 상호 간까지 비교·교량하여야 할 필요는 없다. ○×

121 택지개발 예정지구 지정처분은 광범위한 재량행위라고 할 것이므로 그 재량권의 일탈·남용이 없는 이상 그 처분을 위법하다고 할 수 없다. ○×

122 자연환경 보호 등을 목적으로 하는 도시관리계획결정은 행정청의 재량적 판단으로서, 그 내용이 현저히 합리성을 결여하거나 형평이나 비례의 원칙에 뚜렷하게 반하는 등의 사정이 없는 한 폭넓게 존중해야 한다. ○×

123 행정계획은 사인의 신뢰보호를 위해 일반적으로 계획존속청구권이 인정된다. ○×

124 국토이용계획은 계획의 확정 후에 어떤 사정의 변동이 있다고 하여 지역주민이나 일반 이해관계인에게 일일이 그 계획의 변경을 신청할 권리를 인정하여 줄 수 없음이 원칙이다. ○×

125 주민은 도시·군관리계획의 입안권자에게 지구단위계획구역의 변경에 관한 도시·군관리계획의 입안을 제안할 수 있다. ○×

126 도시계획구역 내 토지 등을 소유하고 있는 주민은 입안권자에게 도시계획입안을 요구할 수 있는 법규상 또는 조리상의 신청권이 있다. ○×

127 공법상 계약에는 법률우위의 원칙이 적용된다. ○×

128 공법상 계약의 체결 시 계약의 목적 및 내용을 명확하게 적은 계약서를 작성하여야 한다. ○×

129 공법상 계약에 따른 권리·의무의 확인소송은 공법상 당사자소송에 의한다. ○×

130 국가를 당사자로 하는 계약에 관한 법률에 따라 국가가 당사자가 되는 공공계약은 공법상 계약에 해당한다. ○×

131 행정절차법은 공법상 계약의 절차에 관한 일반법이다. ○×

132 행정청은 공법상 계약의 상대방을 선정하고 계약 내용을 정할 때 공법상 계약의 공공성만을 고려하여야 하고 제3자의 이해관계를 고려하여서는 아니 된다. ○×

133 공법상 계약에는 법률우위의 원칙이 적용되지 않는다. ○✕

134 행정청이 공법상 계약을 체결할 때 법령 등에 따른 관계 행정청의 동의, 승인 등이 필요하다고 하여 이를 모두 거쳐야 하는 것은 아니다. ○✕

135 사실행위는 법적 효과의 제거 대상이 될 수 없으므로, 권력적인지 비권력적인지를 불문하고 항고소송의 대상인 처분성이 인정되지 않는다. ○✕

136 행정지도는 상대방의 임의적인 협력을 구하는 것이므로, 법률우위의 원칙은 적용되지 않는다. ○✕

137 주택법에 따라 시장이 사업주체가 건설할 주택을 공업화주택으로 건설하도록 사업주체에게 권고한 것은 행정지도에 해당한다. ○✕

138 행정절차법은 행정지도에 법적 근거가 요구되는지에 대하여 규정하고 있지 않다. ○✕

139 행정기관은 조직법상 주어진 권한의 범위 밖에서도 행정지도를 할 수 있다. ○✕

140 행정지도에는 개별법상 명시적 규정의 유무를 불문하고 행정법의 일반원칙이 적용된다. ○✕

141 사인의 행위가 위법한 행정지도에 따른 것이라는 사유만으로는 위법성이 조각되지 않는다. ○✕

142 행정지도는 상대방의 협력을 전제로 법적 효과의 발생을 목적으로 하는 행정청의 의사표시이다. ○✕

143 행정지도는 국가배상법 제2조의 직무행위에 해당된다. ○✕

144 행정지도는 법적 행위가 아니라 비권력적 사실행위에 불과하므로 비례원칙이 적용되지 아니한다. ○✕

145 행정기본법은 임의성의 원칙 등 행정지도의 원칙에 관하여 규정하고 있다. ○✕

146 행정지도는 상대방의 의사에 반하여 부당하게 강요하여서는 아니 된다. ○Ⅹ

147 행정기관은 상대방이 행정지도에 따르지 않았다는 이유로 불이익한 조치를 하여서는 아니 된다. ○Ⅹ

148 행정지도를 반드시 서면으로 해야 하는 것은 아니다. ○Ⅹ

149 행정지도를 하는 자는 상대방에게 행정지도의 취지 및 내용과 신분을 밝혀야 한다. ○Ⅹ

150 행정지도의 상대방은 해당 행정지도의 방식·내용에 관하여 행정기관에 의견제출을 할 수 있다. ○Ⅹ

151 행정기관이 같은 행정목적을 실현하기 위하여 많은 상대방에게 행정지도를 하려는 경우에는 특별한 사정이 없으면 행정지도에 공통적인 내용이 되는 사항을 공표하여야 한다. ○Ⅹ

152 법치주의의 붕괴, 책임소재의 불분명으로 인한 책임행정의 이탈 등은 행정지도의 문제점에 해당된다. ○Ⅹ

153 주무부처 장관의 대학총장들에 대한 학칙시정요구는 규제적·구속적 성격이 강하기 때문에 헌법소원의 대상이 된다. ○Ⅹ

행정사
이준희 행정법

03

행정절차

핵심이론 정리

01 행정절차법

1. 구성

① 처분, ② 신고, ③ 확약, ④ 위반사실 등의 공표, ⑤ 행정계획, ⑥ 행정상 입법예고, ⑦ 행정예고, ⑧ 행정지도에 대한 내용으로 구성된다.

행정절차법은 대부분 절차에 관한 규정으로 이루어져 있으나, 실체적인 내용도 일부 포함되어 있다(신의성실, 신뢰보호 등).

2. 적용범위

제3조【적용범위】 ① 처분, 신고, 확약, 위반사실 등의 공표, 행정계획, 행정상 입법예고, 행정예고 및 행정지도의 절차(이하 "행정절차"라 한다)에 관하여 다른 법률에 특별한 규정이 있는 경우를 제외하고는 이 법에서 정하는 바에 따른다.

② 이 법은 다음 각 호의 어느 하나에 해당하는 사항에 대하여는 적용하지 아니한다.

1. 국회 또는 지방의회의 의결을 거치거나 동의 또는 승인을 받아 행하는 사항
2. 법원 또는 군사법원의 재판에 의하거나 그 집행으로 행하는 사항
3. 헌법재판소의 심판을 거쳐 행하는 사항
4. 각급 선거관리위원회의 의결을 거쳐 행하는 사항
5. 감사원이 감사위원회의의 결정을 거쳐 행하는 사항
6. 형사(刑事), 행형(行刑) 및 보안처분 관계 법령에 따라 행하는 사항
7. 국가안전보장·국방·외교 또는 통일에 관한 사항 중 행정절차를 거칠 경우 국가의 중대한 이익을 현저히 해칠 우려가 있는 사항
8. 심사청구, 해양안전심판, 조세심판, 특허심판, 행정심판, 그 밖의 불복절차에 따른 사항
9. 「병역법」에 따른 징집·소집, 외국인의 출입국·난민인정·귀화, 공무원 인사 관계 법령에 따른 징계와 그 밖의 처분, 이해 조정을 목적으로 하는 법령에 따른 알선·조정·중재(仲裁)·재정(裁定) 또는 그 밖의 처분 등 해당 행정작용의 성질상 행정절차를 거치기 곤란하거나 거칠 필요가 없다고 인정되는 사항과 행정절차에 준하는 절차를 거친 사항으로서 대통령령으로 정하는 사항

3. 송달

(1) 교부에 의한 송달은 수령확인서를 받고 문서를 교부함으로써 하며, 송달하는 장소에서 송달받을 자를 만나지 못한 경우에는 그 사무원·피용자 또는 동거인으로서 사리를 분별할 지능이 있는 사람에게 문서를 교부할 수 있다. 다만, 문서를 송달받을 자 또는 그 사무원 등이 정당한 사유 없이 송달받기를 거부하는 때에는 그 사실을 수령확인서에 적고, 문서를 송달할 장소에 놓아둘 수 있다.

(2) 정보통신망을 이용한 송달은 송달받을 자가 동의하는 경우에만 한다. 이 경우 송달받을 자는 송달받을 전자우편주소 등을 지정하여야 한다.

(3) 송달받을 자의 주소 등을 통상적인 방법으로 확인할 수 없는 경우 또는 송달이 불가능한 경우에는 송달받을 자가 알기 쉽도록 관보, 공보, 게시판, 일간신문 중 하나 이상에 공고하고 인터넷에도 공고하여야 한다.

(4) 송달은 송달받을 자에게 도달됨으로써 그 효력이 발생한다.

(5) 정보통신망을 이용하여 전자문서로 송달하는 경우에는 송달받을 자가 지정한 컴퓨터 등에 입력된 때에 도달된 것으로 본다.

(6) 행정절차법상 공고는 다른 법령 등에 특별한 규정이 있는 경우를 제외하고는 공고일부터 14일이 경과한 때에 그 효력이 발생한다.

4. 처분의 이유제시

(1) 원칙

행정청은 처분을 할 때에는 당사자에게 그 근거와 이유를 제시하여야 한다.

(2) 예외

① 신청 내용을 모두 그대로 인정하는 처분인 경우
② 단순·반복적인 처분 또는 경미한 처분으로서 당사자가 그 이유를 명백히 알 수 있는 경우
③ 긴급히 처분을 할 필요가 있는 경우

5. 처분의 방식

(1) 원칙

문서

(2) 전자문서

① 당사자 등의 동의가 있는 경우
② 전자문서로 처분을 신청한 경우

(3) 구술 등

① 긴급히 처분을 할 필요가 있는 경우
② 사안이 경미한 경우

6. 처분의 사전통지

(1) 대상

당사자에게 불이익한 처분을 하기 전에 미리 일정한 사항을 당사자 등에게 통지하여야 한다.

(2) 사전통지의 면제사유

① 긴급히 처분을 할 필요가 있는 경우
② 법령 등에서 요구된 자격이 없거나 없어지게 되면 반드시 일정한 처분을 하여야 하는 경우, 그 자격이 없거나 없어지게 된 사실이 법원의 재판 등에 의하여 객관적으로 증명된 때
③ 성질상 현저히 곤란하거나 명백히 불필요한 경우

(3) 사전통지 기간

① 청문이 시작되는 날부터 10일 전까지는 당사자 등에게 통지하여야 한다.
② 의견제출에 필요한 기간을 10일 이상으로 고려하여 정하여야 한다.

7. 의견청취절차

(1) 의견제출

행정청이 어떠한 행정작용을 하기에 앞서 당사자 등이 의견을 제시하는 절차로서 청문이나 공청회에 해당하지 아니하는 절차이다.

(2) 청문 대상(행정청이 처분에 앞서 당사자 등의 의견을 직접 듣고 증거를 조사하는 절차)

① 다른 법령 등에서 청문을 실시하도록 규정하고 있는 경우
② 행정청이 필요하다고 인정하는 경우
③ 인허가 등의 취소, 신분·자격의 박탈, 법인이나 조합 등의 설립허가의 취소의 처분

⑶ 공청회 대상(공개적인 토론을 통하여 행정작용에 대하여 의견을 널리 수렴하는 절차)

① 다른 법령 등에서 공청회를 개최하도록 규정하고 있는 경우

② 널리 의견을 수렴할 필요가 있다고 행정청이 인정하는 경우

③ 국민생활에 큰 영향을 미치는 처분으로서 30명 이상의 당사자 등이 요구하는 경우

⑷ 온라인공청회

공청회와 병행하여서만 온라인공청회를 실시한다. 다만, ① 국민의 안전 또는 권익보호 등의 이유로 공청회를 개최하기 어려운 경우, ② 행정청이 책임질 수 없는 사유로 3회 이상 개최되지 못하거나 무산된 경우, ③ 행정청이 온라인공청회를 단독으로 개최할 필요가 있다고 인정하는 경우(다만, 다른 법령 등에서 공청회를 개최하도록 규정하고 있는 경우와 국민생활에 큰 영향을 미치는 처분으로서 일정 수 이상의 당사자 등이 공청회 개최를 요구하는 경우에 해당하여 공청회를 실시하는 경우는 제외)에는 온라인공청회를 단독으로 개최할 수 있다.

⑸ 의견청취의 면제사유

사전통지의 면제사유와 당사자가 의견진술의 기회를 포기한다는 뜻을 의견제출 기산 내에 명백히 표시한 경우

> **판례**

▶ 직위해제 처분은 행정절차법의 규정이 별도로 적용되지 아니한다(2012두26180).

▶ 공정거래위원회의 의결·결정을 거쳐 행하는 사항에는 행정절차법의 적용이 제외되게 되어 있으므로, 설사 공정거래위원회의 시정조치 및 과징금납부명령에 행정절차법 소정의 의견청취절차 생략사유가 존재한다고 하더라도, 공정거래위원회는 행정절차법을 적용하여 의견청취절차를 생략할 수는 없다(2000두10212).

▶ 처분청이 고지의무를 이행하지 아니하였다고 하더라도 경우에 따라서는 행정심판의 제기기간이 연장될 수 있는 것에 그치고 이로 인하여 심판의 대상이 되는 행정처분에 어떤 하자가 수반된다고 할 수 없다(87누529).

▶ 특별한 사정이 없는 한, 신청에 대한 거부처분은 불이익한 처분이 아니므로 처분의 사전통지대상이 되지 않는다(2003두674).

▶ 영업자지위승계신고를 수리하는 처분은 종전의 영업자의 권익을 제한하는 처분이다(2001두7015).

▶ 행정처분의 상대방이 통지된 청문일시에 불출석하였다는 이유만으로 청문을 실시하지 아니하고 한 침해적 행정처분은 위법하다(2000두3337).

▶ 행정청과 당사자 사이에 의견청취절차 배제협약을 하였더라도 청문배제의 예외적인 사유가 아니다(2002두8350).

▶ 고시의 방법으로 불특정 다수인을 상대로 의무를 부과하거나 권익을 제한하는 처분은 성질상 의견제출의 기회를 주어야 하는 상대방을 특정할 수 없으므로, 이와 같은 처분에 있어서까지 그 상대방에게 의견제출의 기회를 주어야 한다고 해석할 것은 아니다(2007두1767).

02 공공기관의 정보공개에 관한 법률

1. 정보공개청구권자

(1) 모든 국민은 정보의 공개를 청구할 권리를 가진다. 또한 법인과 법인격 없는 단체도 설립 목적을 불문하고 정보의 공개를 청구할 권리를 가진다.

(2) 외국인의 경우도 국내에 일정한 주소를 두고 거주하거나 학술·연구를 위하여 일시적으로 체류하는 사람, 국내에 사무소를 두고 있는 법인 또는 단체에 해당한다면 정보의 공개를 청구할 권리를 가진다.

> **판례**
>
> ▶ 정보공개청구권은 법률상 보호되는 구체적인 권리이므로 청구인이 공공기관에 대하여 정보공개를 청구하였다가 거부처분을 받은 것 자체가 법률상 이익의 침해에 해당한다(2003두8050).
>
> ▶ 정보공개 청구권자의 권리구제 가능성 등은 정보의 공개 여부 결정에 아무런 영향을 미치지 못한다(2017두44558).
>
> ▶ 공개청구자는 그가 공개를 구하는 정보를 공공기관이 보유·관리하고 있을 상당한 개연성이 있다는 점에 대하여 입증할 책임이 있으나, 공개를 구하는 정보를 더 이상 보유·관리하고 있지 않다는 점에 대한 증명책임은 공공기관에 있다(2010두18918).
>
> ▶ 오로지 담당공무원을 괴롭힐 목적으로 행사하는 정보공개청구라면 정보공개를 거부할 수는 있다(2014두9349).

2. 정보공개의무자

국가기관, 지방자치단체, 공공기관의 운영에 관한 법률에 따른 공공기관 등을 의미한다(한국방송공사 − 공공기관 ○, 한국증권업협회공공기관 − 공공기관 ×).

> **판례**
>
> 사립학교의 공공기관 해당여부에 관하여 대법원은 교육의 공공성, 공·사립학교의 동질성 등을 이유로 사립학교를 정보공개의무를 지는 공공기관의 하나로 보고 있다(2004두2783).

3. 공개대상정보

> **판례**
>
> ▶ 공개청구의 대상이 되는 정보는 반드시 원본일 필요는 없다(2006두3049).
>
> ▶ 형사재판확정기록은 정보공개법에 의한 공개청구가 허용되지 아니한다(2013두20882).

4. 제3자 보호

(1) 공개청구 사실을 통지받은 제3자는 통지받은 날부터 3일 이내에 비공개 요청을 할 수 있다.

(2) 공공기관은 공개 결정일과 공개 실시일 사이에 최소한 30일의 간격을 두어야 한다.

(3) 제3자는 정보공개 통지를 받은 날부터 7일 이내에 문서로 이의신청을 할 수 있다.

(4) 공공기관은 이의신청을 받은 날부터 7일 이내에 그 이의신청에 대하여 결정하고 그 결과를 청구인에게 지체 없이 문서로 통지하여야 한다. 다만, 부득이한 경우에는 7일의 범위에서 연장할 수 있으며, 연장 사유를 청구인에게 통지하여야 한다.

5. 비공개대상정보

(1) 다른 법령에 따라 비공개 사항으로 규정된 정보

(2) 국가의 중대한 이익을 현저히 해칠 우려가 있는 정보

(3) 국민의 생명·신체 및 재산상 현저한 지장을 초래할 우려가 있는 정보

(4) 진행 중인 재판에 관한 정보

(5) 업무의 공정한 수행이나 연구·개발에 현저한 지장을 초래하는 정보

(6) 개인의 사생활의 비밀 또는 자유를 침해할 우려가 있다고 인정되는 정보

(7) 경영상·영업상 비밀에 관한 사항

(8) 특정인에게 이익 또는 불이익을 줄 우려가 있는 정보

판례

▶ 각각의 비공개사유는 기본적 사실관계의 동일성이 없다(2001두8827).

▶ 인터넷검색 등을 통하여 쉽게 알 수 있다는 사정만으로는 비공개결정이 정당화될 수 없다(2008두13101).

▶ 학교폭력대책자치위원회의 회의록은 비공개대상정보에 해당한다(2010두2913).

▶ '진행 중인 재판에 관련된 정보'에 해당한다는 사유로 정보공개를 거부하기 위하여는 반드시 그 정보가 진행 중인 재판의 소송기록 자체에 포함된 내용일 필요는 없다. 그러나 진행 중인 재판의 심리 또는 재판결과에 구체적으로 영향을 미칠 위험이 있는 정보에 한정된다(2009두19021).

▶ 청구인이 신청한 공개방법 이외의 방법으로 공개하기로 하는 결정을 하였다면, 이는 정보공개청구 중 정보공개방법에 관한 부분에 대하여 일부 거부처분을 한 것이다(2016두44674).

기출지문 OX

◆ 빠른 정답 찾기 p.158
◆ 정답 및 해설 p.170

001 이유제시의 하자는 치유의 대상이 될 수 없다. ◯✕

002 행정처분에 실체적 위법이 없는 한 절차적 하자만으로 독립된 취소사유가 되지 못한다. ◯✕

003 행정절차법은 절차상 하자 있는 행정처분의 법적 효력에 관한 명문의 규정을 두고 있다. ◯✕

004 행정절차법은 행정계약절차를 규정하고 있지 않다. ◯✕

005 행정절차에 관하여 다른 법률에 특별한 규정이 있는 경우에도 행정절차법이 우선한다. ◯✕

006 국가공무원법상 직위해제처분의 경우에는 처분의 사전통지 및 의견청취 등에 관한 행정절차법의 규정이 별도로 적용되지 않는다. ◯✕

007 지방의회의 승인을 받아 행하는 사항에 대해서는 행정절차법이 적용되지 않는다. ◯✕

008 법인은 행정절차법상 절차의 당사자가 될 수 있지만, 법인이 아닌 사단은 당사자가 될 수 없다. ◯✕

009 행정청이 그 관할에 속하지 아니하는 사안을 접수한 경우 지체 없이 이를 관할 행정청에 이송하여야 하고 그 사실을 신청인에게 통지하여야 한다. ◯✕

010 행정청의 관할이 분명하지 아니한 경우이지만 공통으로 감독하는 상급행정청이 없는 경우에는 각 상급행정청이 협의하여 그 관할을 결정한다. ◯✕

011 행정청은 행정서비스에 대한 국민의 만족도를 높이기 위하여 필요한 경우에는 다른 행정청에 행정응원을 요청할 수 있다. ◯✕

012 행정응원에 드는 비용은 응원을 하는 행정청이 부담한다. ☐O☐X

013 행정응원을 요청받은 행정청은 응원을 거부하는 경우 그 사유를 응원을 요청한 행정청에 통지하여야 한다. ☐O☐X

014 정보통신망을 이용한 송달은 송달받을 자의 동의 여부와 상관없이 언제든지 가능하다. ☐O☐X

015 행정청은 송달하는 문서의 명칭과 송달받는 자의 성명을 확인할 수 있는 기록을 보존하지 않아도 된다. ☐O☐X

016 송달은 다른 법령 등에 특별한 규정이 있는 경우를 제외하고는 해당 문서를 발신한 때 그 효력이 발생한다. ☐O☐X

017 천재지변으로 기한을 지킬 수 없는 경우에는 그 사유가 끝나는 날이 속하는 주말까지 기간의 진행이 정지된다. ☐O☐X

018 외국에 거주하거나 체류하는 자에 대한 기간 및 기한은 행정청이 그 우편이나 통신에 걸리는 일수를 고려하여 정하여야 한다. ☐O☐X

019 신청에 대한 거부처분은 사전통지의 대상이 된다. ☐O☐X

020 도로점용허가 신청에 대하여 처분청이 거부처분에 앞서 사전통지를 하지 않았다면 그 거부처분에는 절차상 하자가 있다. ☐O☐X

021 행정청은 해당 처분의 성질상 의견청취가 현저히 곤란하거나 명백히 불필요하다고 인정될 만한 상당한 이유가 있는 경우에는 처분의 사전통지를 하지 않을 수도 있다. ☐O☐X

022 행정절차법상 의견제출을 할 수 있는 이해관계인은 행정청이 직권으로 행정절차에 참여하게 한 자에 한정된다. ☐O☐X

023 국가공무원법상 소청심사위원회가 소청사건을 심사하면서 소청인 또는 대리인에게 진술의 기회를 주지 아니하고 한 결정은 무효이다. ☐O☐X

024 고시의 방법으로 불특정 다수인을 상대로 권익을 제한하는 처분을 하는 경우, 행정청은 상대방에게 의견제출의 기회를 주어야 한다. ☐O☐X

025 당사자가 의견진술의 기회를 포기한다는 뜻을 명백히 표시한 경우에는 행정절차법상 의견청취 절차를 거치지 아니할 수 있다. ☐O☐X

026 청문이란 행정청이 어떠한 처분을 하기 전에 당사자 등의 의견을 직접 듣고 증거를 조사하는 절차를 말한다. ☐O☐X

027 행정청과 당사자가 청문절차를 배제하기로 협약을 체결하였다면 청문절차를 거치지 않아도 되는 예외적 경우에 해당한다. ☐O☐X

028 행정청은 법인 설립허가의 취소 시 의견제출기한 내에 당사자 등의 신청이 있는 경우에는 청문을 실시하여야 한다. ☐O☐X

029 당사자 등은 청문의 통지가 있는 날부터 청문이 끝날 때까지 행정청에 해당 사안의 조사결과에 관한 문서의 복사를 요청할 수 있다. ☐O☐X

030 청문 주재자는 직권으로 당사자 등이 주장한 사실에 한하여 필요한 조사를 하여야 한다. ☐O☐X

031 법령상 청문이 요구되는 경우에, 행정처분의 상대방이 청문일시에 불출석하였다는 이유로 청문을 실시하지 아니하고 한 침해적 행정처분은 위법하다. ☐O☐X

032 행정청은 청문이 필요하다고 인정하는 경우에도 법령 등에서 청문을 하도록 규정한 경우가 아니면 청문을 할 수 없다. ☐O☐X

033 처분을 할 때 해당 처분의 영향이 광범위하여 널리 의견을 수렴할 필요가 있다고 행정청이 인정하는 경우에는 공청회를 개최한다. ☐O☐X

034 청문·공청회 또는 의견제출을 거쳤을 때에는 신속히 처분하여 해당 처분이 지연되지 아니하도록 하여야 한다. ☐O☐X

035 행정청은 다수 국민의 이해가 상충되는 처분을 하려는 경우에는 청문 주재자를 2명 이상으로 선정할 수 있다. ☐☒

036 청문은 당사자가 공개를 신청하더라도 제3자의 정당한 이익을 현저히 해칠 우려가 있는 경우에는 공개하여서는 아니 된다. ☐☒

037 청문 주재자는 필요하다고 인정할 때에는 관계 행정청에 필요한 문서의 제출을 요구할 수 있다. ☐☒

038 누구든지 청문을 통하여 알게 된 경영상의 비밀을 정당한 이유 없이 누설하여서는 아니 된다. ☐☒

039 행정청은 직권으로 또는 당사자의 신청에 따라 여러 개의 사안을 병합하거나 분리하여 청문을 할 수 있다. ☐☒

040 행정청은 공청회를 개최하려는 경우에는 공청회 개최 20일 전까지 일시 및 장소 등의 사항을 당사자 등에게 통지하여야 한다. ☐☒

041 행정청이 처분을 할 때에는 신청 내용을 모두 그대로 인정하는 경우에도 당사자에게 그 근거와 이유를 제시하여야 한다. ☐☒

042 행정청은 처분을 할 때에는 단순·반복적인 처분으로서 당사자가 그 이유를 명백히 알 수 있는 경우에도 당사자에게 그 근거와 이유를 사전에 제시하여야 한다. ☐☒

043 행정청은 처분을 할 때에는 이해관계인에게 그 근거와 이유를 제시하여야 한다. ☐☒

044 행정청이 처분을 할 때에는 원칙적으로 문서로 해야 하지만, 신속히 처리할 필요가 있거나 사안이 경미한 경우에는 말 또는 그 밖의 방법으로 하는 것도 가능하다. ☐☒

045 행정절차법상 불복방법에 대한 고지절차에 관한 규정을 위반하였다고 하여 그러한 이유만으로 처분이 위법하게 되는 것은 아니다. ☐☒

046 행정청은 필요한 처분기준을 정하여 공표하는 것이 해당 처분의 성질상 현저히 곤란한 경우라도 그 처분기준을 공표하여야 한다. ○×

047 행정청은 처분에 오기(誤記)가 있어서 직권으로 이를 정정한 경우에는 그 사실을 당사자에게 통지할 필요는 없다. ○×

048 행정청은 행정청의 편의를 위하여 신청인이 다른 행정청에 처분을 구하는 신청을 접수하게 할 수 있다. ○×

049 행정청은 다수의 행정청이 관여하는 처분을 구하는 신청을 접수한 경우에는 관계 행정청과의 신속한 협조를 통하여 그 처분이 지연되지 아니하도록 하여야 한다. ○×

050 행정청에 전자문서로 처분을 신청하는 경우에는 행정청의 컴퓨터 등에 입력한 이후, 입력내용을 문서로 제출한 때 신청한 것으로 본다. ○×

051 상위법령 등의 단순한 집행을 위한 경우에는 입법예고를 하지 아니할 수 있다. ○×

052 행정상 입법예고기간은 예고할 때 정하되, 특별한 사정이 없으면 40일(자치법규는 20일) 이상으로 한다. ○×

053 예고된 입법안에 대하여 누구든지 의견을 제출할 수 있다. ○×

054 입법예고의 기준·절차 등에 관하여 필요한 사항은 대통령령으로 정한다. ○×

055 입법내용이 국민의 권리·의무 또는 일상생활과 관련이 없는 경우에도 예고를 하여야 한다. ○×

056 행정청은 예고된 입법안의 전문에 대한 열람 또는 복사를 요청받았을 때에는 특별한 사유가 없으면 그 요청에 따라야 한다. ○×

057 행정절차법에는 행정지도에 관한 규정을 두고 있지 않다. ○×

058 공개될 경우 부동산 투기, 매점매석 등으로 특정인에게 이익 또는 불이익을 줄 우려가 있다고 인정되는 정보라도 공공기관이 보유·관리하는 정보라면 이를 공개하여야 한다. ○×

059 공공기관은 부득이한 사유가 없다면 정보공개의 청구를 받은 날부터 10일 이내에 공개 여부를 결정하여야 한다. ○×

060 공공기관은 공개청구된 공개대상정보의 일부가 제3자와 관련이 있다고 인정할 때에는 그 사실을 제3자에게 지체 없이 통지하여야 한다. ○×

061 공개대상정보로서 자신과 관련된 정보에 대하여 공개청구된 사실을 통지받은 제3자는 그 통지를 받은 날부터 3일 이내에 해당 공공기관에 대하여 자신과 관련된 정보를 공개하지 아니할 것을 요청할 수 있다. ○×

062 공개대상정보로서 자신과 관련된 정보의 비공개 요청에도 불구하고 공공기관이 공개결정을 한 때에는 제3자는 공개 결정 이유와 공개 실시일의 통지를 받은 날부터 7일 이내에 해당 공공기관에 이의신청을 할 수 있다. ○×

063 공공기관은 정보의 공개를 결정한 경우 해당 청구인이 사본의 교부를 원하는 때에는 이를 교부하여야 한다. ○×

064 정보공개청구의 대상이 되는 문서는 원본이어야 한다. ○×

065 모든 국민은 정보의 공개를 청구할 권리를 가진다. ○×

066 정보공개청구권자에 해당하는 국민에는 자연인은 물론 법인, 권리능력 없는 사단이나 재단도 포함된다. ○×

067 국내에 학술·연구를 위하여 일시적으로 체류하는 외국인은 정보공개를 청구할 권리가 없다. ○×

068 공공기관이 정보공개청구인이 신청한 공개방법 이외의 방법으로 정보를 공개하기로 결정하였다면, 그 결정에 대하여 항고소송으로 다툴 수 있다. ○×

069 고등교육법에 따른 사립대학교도 정보공개의무를 지는 공공기관이다. ☐O☐X

070 정보공개청구는 정보공개청구서를 제출하는 것 외에 말로써도 할 수 있다. ☐O☐X

071 정보공개청구자는 공개를 구하는 정보를 공공기관이 보유·관리하고 있을 가능성이 전혀 없지 않다는 점만 입증하면 족하고, 공공기관은 그 정보를 폐기하여 더 이상 보유·관리하고 있지 않다는 항변을 할 수 없다. ☐O☐X

072 정보공개청구제도는 행정의 투명성과 적법성을 위한 것이므로 국민의 정보공개청구는 권리의 남용에 해당할 여지가 없다. ☐O☐X

073 정보공개청구의 목적이 오로지 담당공무원을 괴롭힐 목적인 경우처럼 권리의 남용이 명백한 경우에는 정보공개청구권의 행사가 허용되지 않는다. ☐O☐X

074 공공기관이 그 정보를 보유·관리하고 있지 아니한 경우에는 특별한 사정이 없는 한 정보공개 거부처분의 취소를 구할 법률상의 이익이 없다. ☐O☐X

075 자신과 이해관계가 없는 정보를 공익을 위해 공개청구하는 것은 허용되지 않는다. ☐O☐X

076 정보공개거부결정에 대해서는 행정심판을 거치지 아니하고 행정소송을 제기할 수 있다. ☐O☐X

077 청구인은 공공기관의 비공개 결정에 대하여 불복이 있는 경우 이의신청 절차를 거치지 아니하고는 행정심판을 청구할 수 없다. ☐O☐X

078 비공개결정에 대해 이의신청을 거친 경우에는 행정심판을 제기할 수 없다. ☐O☐X

079 공공기관이 정보공개청구를 받은 날부터 20일이 경과하도록 공개 여부를 결정하지 않은 때에는 정보공개결정이 있는 것으로 본다. ☐O☐X

080 청구인이 정보공개와 관련한 공공기관의 비공개 결정 또는 부분공개 결정에 대하여 불복이 있거나 정보공개청구 후 20일이 경과하도록 정보공개 결정이 없는 때에는 공공기관으로부터 정보공개 여부의 결정 통지를 받은 날 또는 정보공개청구 후 20일이 경과한 날부터 30일 이내에 해당 공공기관에 문서로 이의신청을 할 수 있다. ☐☒

081 공공기관은 이의신청을 받은 날부터 7일 이내에 그 이의신청에 대하여 결정하고 그 결과를 청구인에게 지체 없이 문서로 통지하여야 한다. ☐☒

082 공개청구한 정보가 비공개대상인 부분과 공개 가능한 부분이 혼합되어 있는 경우 부분공개는 할 수 없다. ☐☒

083 정보의 부분공개가 허용되는 경우란 그 정보의 공개방법 및 절차에 비추어 당해 정보에서 비공개대상정보에 관련된 기술 등을 제외 혹은 삭제하고 나머지 정보만을 공개하는 것이 가능하고 나머지 부분의 정보만으로도 공개의 가치가 있는 경우를 의미한다. ☐☒

084 정보공개를 요구받은 공공기관이 공개를 거부하는 경우에는 비공개사유에 해당하는지를 주장·입증하지 아니한 채 개괄적인 사유만을 들어 공개를 거부할 수 없다. ☐☒

085 공개청구의 대상이 되는 정보가 이미 다른 사람에게 공개되어 널리 알려져 있다거나 인터넷 등을 통하여 공개되어 인터넷검색 등을 통하여 쉽게 알 수 있다는 사정만으로는 소의 이익이 없다거나 비공개결정이 정당화될 수 없다. ☐☒

086 진행 중인 재판에 관련된 정보로서 정보공개를 거부하기 위해서는 그 정보가 재판과 관련된 것으로서 반드시 진행 중인 재판의 소송기록 자체에 포함된 내용일 것을 요한다. ☐☒

087 정보공개청구권은 법률상 보호되는 구체적인 권리이므로 청구인이 공공기관에 대하여 정보공개를 청구하였다가 거부처분을 받은 것 자체가 법률상 이익의 침해에 해당한다. ☐☒

088 공개를 청구하는 정보는 사회일반인의 관점에서 청구대상정보의 내용과 범위를 알 수 있을 정도로 특정되어야 한다. ☐☒

089 정보공개청구권자의 권리구제 가능성이 없는 경우에는 비공개대상정보에 해당하지 않는 정보라도 공개하지 않을 수 있다. ☐☒

090 법인이 거래하는 금융기관의 계좌번호에 관한 정보는 법인의 영업상 비밀에 관한 사항으로서 비공개대상정보에 해당한다. ○|X

091 학교폭력대책자치위원회의 회의록은 '공개될 경우 업무의 공정한 수행에 현저한 지장을 초래한다고 인정할 만한 상당한 이유가 있는 정보'에 해당한다. ○|X

092 의사결정과정에 제공된 회의관련자료나 의사결정과정이 기록된 회의록은 의사가 결정되거나 의사가 집행된 경우에는 더 이상 의사결정과정에 있는 사항 그 자체라고는 할 수 없으나, 의사결정과정에 있는 사항에 준하는 사항으로서 비공개대상정보에 포함될 수 있다. ○|X

093 법인의 정보는 개인정보 보호법의 보호대상이다. ○|X

094 사자(死者)의 정보는 이 법의 보호대상이다. ○|X

095 정보처리자는 정보주체와의 계약의 체결을 위하여 불가피한 경우에는 정보주체의 동의 없이 개인정보를 제3자에게 제공할 수 있다. ○|X

096 개인정보처리자가 이 법에 위반한 행위로 정보주체에게 손해를 입힌 경우, 개인정보처리자의 손해배상책임은 무과실책임이다. ○|X

097 정보주체의 권리침해행위의 금지·중지를 구하는 단체소송을 제기하려면 법원의 허가를 받아야 한다. ○|X

098 개인정보처리자는 개인정보의 처리 목적에 필요한 범위에서 적합하게 개인정보를 처리하여야 한다. ○|X

099 개인정보처리자는 개인정보의 처리 목적에 필요한 범위에서 개인정보의 정확성, 완전성 및 최신성이 보장되도록 하여야 한다. ○|X

100 개인정보처리자는 정보주체의 사생활 침해를 최소화하는 방법으로 개인정보를 처리하여야 한다. ○|X

101 개인정보처리자는 개인정보 처리방침 등 개인정보의 처리에 관한 사항을 공개하여야 한다.
○ ✕

102 개인정보처리자는 개인정보를 익명 또는 가명으로 처리하여서는 아니 된다.
○ ✕

행정사
이준희 행정법

행정의 실효성 확보수단

핵심이론 정리

01 행정상 강제

1. 행정대집행

의무자가 행정상 의무로서 타인이 대신하여 행할 수 있는 의무를 이행하지 아니하는 경우 법률로 정하는 다른 수단으로는 그 이행을 확보하기 곤란하고 그 불이행을 방치하면 공익을 크게 해칠 것으로 인정될 때에 행정청이 의무자가 하여야 할 행위를 스스로 하거나 제3자에게 하게 하고 그 비용을 의무자로부터 징수하는 것을 말한다.

2. 이행강제금

의무자가 행정상 의무를 이행하지 아니하는 경우 행정청이 적절한 이행기간을 부여하고, 그 기한까지 행정상 의무를 이행하지 아니하면 금전급부의무를 부과하는 것을 말한다.

3. 강제징수

의무자가 행정상 의무 중 금전급부의무를 이행하지 아니하는 경우 행정청이 의무자의 재산에 실력을 행사하여 그 행정상 의무가 실현된 것과 같은 상태를 실현하는 것을 말한다.

4. 직접강제

의무자가 행정상 의무를 이행하지 아니하는 경우 행정청이 의무자의 신체나 재산에 실력을 행사하여 그 행정상 의무의 이행이 있었던 것과 같은 상태를 실현하는 것을 말한다.

5. 즉시강제

현재의 급박한 행정상의 장해를 제거하기 위한 경우로서 행정청이 곧바로 국민의 신체 또는 재산에 실력을 행사하여 행정목적을 달성하는 것을 말한다.

02 행정대집행

행정대집행법

제3조【대집행의 절차】 ① 대집행을 하려 함에 있어서는 상당한 이행기한을 정하여 그 기한까지 이행되지 아니할 때에는 대집행을 한다는 뜻을 미리 문서로써 계고하여야 한다.

제4조【대집행의 실행 등】 ① 행정청은 해가 뜨기 전이나 해가 진 후에는 대집행을 하여서는 아니 된다. 다만, 다음 각 호의 어느 하나에 해당하는 경우에는 그러하지 아니하다.

  1. 의무자가 동의한 경우

  2. 해가 지기 전에 대집행을 착수한 경우

  3. 해가 뜬 후부터 해가 지기 전까지 대집행을 하는 경우에는 대집행의 목적 달성이 불가능한 경우

  4. 그 밖에 비상시 또는 위험이 절박한 경우

제6조【비용징수】 ① 대집행에 요한 비용은 국세징수법의 예에 의하여 징수할 수 있다.
② 대집행에 요한 비용에 대하여서는 행정청은 사무비의 소속에 따라 국세에 다음가는 순위의 선취득권을 가진다.

제7조【행정심판】 대집행에 대하여는 행정심판을 제기할 수 있다.

1. 대집행의 주체

당해 행정청(처분청)이다. 그러나 대집행 실행행위는 제 3자에 의해서도 가능하다.

2. 대집행의 요건

(1) 공법상 대체적 작위의무의 불이행이 있을 것

따라서 대집행의 대상이 될 수 없는 의무는 다음과 같다.

  ① 의사의 진료의무

  ② 증인출석의무

  ③ 국유지로부터의 퇴거의무, 토지·건물의 명도나 인도의무

  ④ 장례식장사용중지의무

(2) 다른 수단으로는 그 이행확보가 곤란할 것

(3) 의무의 불이행을 방치할 경우 심히 공익을 해할 것

(4) 단, 불가쟁력의 발생은 대집행의 요건이 아니다.

> **판례** ◆
>
> ▶ 협의취득(사법상 계약)시 건물소유자가 매매대상 건물에 대한 철거의무를 부담하겠다는 취지의 약정은 대집행의 대상이 아니다(2006두7096).
>
> ▶ 금지규정에서 작위의무 명령권이 당연히 도출되는 것이 아니며, 권한 없는 자의 원상복구명령에 따른 의무불이행을 이유로 한 계고처분은 무효이다(96누4374).
>
> ▶ 행정청이 행정대집행의 방법으로 건물철거의무의 이행을 실현할 수 있는 경우에는 건물철거 대집행 과정에서 부수적으로 건물의 점유자들에 대한 퇴거 조치를 할 수 있다(2016다213916).
>
> ▶ 행정대집행의 절차가 인정되는 경우에는 따로 민사상 강제집행을 허용할 수는 없다(99다18909).

3. 절차

대집행은 대체적 작위의무 부과처분(철거명령 등)을 전제로 하여, 대집행의 계고 → 대집행 영장에 의한 통지 → 대집행실행 → 비용징수의 단계로 이루어진다. 이때 대집행의 각 단계는 모두 처분성이 긍정된다.

4. 계고

(1) 계고는 준법률행위적 행정행위 중 통지에 해당한다.

(2) 반복된 계고의 경우 제1차 계고만 처분성을 가진다.

(3) 계고는 상당한 이행기간을 부여하여야 한다.

(4) 의무 내용은 계고시에 특정되어야 한다. 계고의 내용은 계고서에 의하여만 특정되어야 하는 것은 아니고 그 처분 전후에 송달된 문서나 기타 사정을 종합하여 특정할 수 있으면 된다.

(5) 위법건축물에 대한 철거명령과 계고를 동시에 하는 것이 가능하다.

(6) 법률에 다른 규정이 있는 경우나 비상시 또는 위험이 절박한 경우에 있어서 계고 절차를 취할 여유가 없을 때에는 계고를 생략할 수 있다.

03 이행강제금

(1) 심리적 압박을 가하여 의무이행을 간접으로 강제함을 목적으로 하며, 이행이 없을 때에는 반복적으로 부과할 수 있다.

(2) 이행강제금 납부의무는 상속인 등에게 승계될 수 없는 일신전속적인 성질을 가진다.

(3) 대체적 작위의무에 대집행을 하는 것이 사실상 불가능한 경우도 있기 때문에 대체적 작위의무에 대해서도 이행강제금을 부과할 수 있다.

> **판례**
>
> ▶ 위법건축물에 대한 이행강제수단으로 대집행과 이행강제금을 선택적으로 활용할 수 있다(2001헌바80).
>
> ▶ 시정명령을 이행할 수 있는 기회를 준 후가 아니면 이행강제금을 부과할 수 없다(2010두3978).
>
> ▶ 장기간 시정명령을 이행하지 아니하였더라도 시정명령의 이행 기회 제공을 전제로 한 1회분의 이행강제금만을 부과할 수 있고, 시정명령의 이행 기회가 제공되지 아니한 과거의 기간에 대한 이행강제금까지 한꺼번에 부과할 수는 없다(2015두46598).

(4) 이행강제금과 행정벌의 비교

구분	이행강제금	행정벌
시간적 측면	장래에 대한 의무이행 확보수단	과거의 의무 위반에 대한 제재
반복부과	가능(일사부재리 원칙 적용 ×)	불가(일사부재리 원칙 적용 ○)
고의·과실	불요	필요
병과 가능성	이행강제금과 행정벌은 병과하여 부과할 수 있음(이중처벌이 아님)	

(5) 이행강제금에 대한 권리구제

이행강제금의 부과는 행정행위이므로 행정심판이나 행정소송을 제기할 수 있다. 다만, 개별법에서 이행강제금의 부과에 대하여 이의를 제기한 경우에는 비송사건절차법의 절차에 따르도록 규정하고 있는 경우(농지법)가 있다.

04 행정조사

행정조사기본법

제2조【정의】 이 법에서 사용하는 용어의 정의는 다음과 같다.

1. "행정조사"란 행정기관이 정책을 결정하거나 직무를 수행하는 데 필요한 정보나 자료를 수집하기 위하여 현장조사·문서열람·시료채취 등을 하거나 조사대상자에게 보고요구·자료제출요구 및 출석·진술요구를 행하는 활동을 말한다.

제4조【행정조사의 기본원칙】 ① 행정조사는 조사목적을 달성하는 데 필요한 최소한의 범위 안에서 실시하여야 하며, 다른 목적 등을 위하여 조사권을 남용하여서는 아니 된다.

② 행정기관은 조사목적에 적합하도록 조사대상자를 선정하여 행정조사를 실시하여야 한다.

③ 행정기관은 유사하거나 동일한 사안에 대하여는 공동조사 등을 실시함으로써 행정조사가 중복되지 아니하도록 하여야 한다.

④ 행정조사는 법령등의 위반에 대한 처벌보다는 법령등을 준수하도록 유도하는 데 중점을 두어야 한다.

⑤ 다른 법률에 따르지 아니하고는 행정조사의 대상자 또는 행정조사의 내용을 공표하거나 직무상 알게 된 비밀을 누설하여서는 아니 된다.

⑥ 행정기관은 행정조사를 통하여 알게 된 정보를 다른 법률에 따라 내부에서 이용하거나 다른 기관에 제공하는 경우를 제외하고는 원래의 조사목적 이외의 용도로 이용하거나 타인에게 제공하여서는 아니 된다.

제5조【행정조사의 근거】 행정기관은 법령등에서 행정조사를 규정하고 있는 경우에 한하여 행정조사를 실시할 수 있다. 다만, 조사대상자의 자발적인 협조를 얻어 실시하는 행정조사의 경우에는 그러하지 아니하다.

제7조【조사의 주기】 행정조사는 법령등 또는 행정조사운영계획으로 정하는 바에 따라 정기적으로 실시함을 원칙으로 한다. 다만, 다음 각 호 중 어느 하나에 해당하는 경우에는 수시조사를 할 수 있다.

1. 법률에서 수시조사를 규정하고 있는 경우
2. 법령등의 위반에 대하여 혐의가 있는 경우
3. 다른 행정기관으로부터 법령등의 위반에 관한 혐의를 통보 또는 이첩받은 경우
4. 법령등의 위반에 대한 신고를 받거나 민원이 접수된 경우
5. 그 밖에 행정조사의 필요성이 인정되는 사항으로서 대통령령으로 정하는 경우

제11조【현장조사】 ② 제1항에 따른 현장조사는 해가 뜨기 전이나 해가 진 뒤에는 할 수 없다. 다만, 다음 각 호의 어느 하나에 해당하는 경우에는 그러하지 아니하다.

1. 조사대상자(대리인 및 관리책임이 있는 자를 포함한다)가 동의한 경우
2. 사무실 또는 사업장 등의 업무시간에 행정조사를 실시하는 경우
3. 해가 뜬 후부터 해가 지기 전까지 행정조사를 실시하는 경우에는 조사목적의 달성이 불가능하거나 증거인멸로 인하여 조사대상자의 법령등의 위반 여부를 확인할 수 없는 경우

제17조【조사의 사전통지】 ① 행정조사를 실시하고자 하는 행정기관의 장은 현장출입조사서를 조사개시 7일 전까지 조사대상자에게 서면으로 통지하여야 한다. 다만, 다음 각 호의 어느 하나에 해당하는 경우에는 행정조사의 개시와 동시에 출석요구서등을 조사대상자에게 제시하거나 행정조사의 목적 등을 조사대상자에게 구두로 통지할 수 있다.

1. 행정조사를 실시하기 전에 관련 사항을 미리 통지하는 때에는 증거인멸 등으로 행정조사의 목적을 달성할 수 없다고 판단되는 경우
2. 「통계법」 제3조 제2호에 따른 지정통계의 작성을 위하여 조사하는 경우
3. 제5조 단서에 따라 조사대상자의 자발적인 협조를 얻어 실시하는 행정조사의 경우

제20조【자발적인 협조에 따라 실시하는 행정조사】 ① 행정기관의 장이 제5조 단서에 따라 조사대상자의 자발적인 협조를 얻어 행정조사를 실시하고자 하는 경우 조사대상자는 문서·전화·구두 등의 방법으로 당해 행정조사를 거부할 수 있다.

② 제1항에 따른 행정조사에 대하여 조사대상자가 조사에 응할 것인지에 대한 응답을 하지 아니하는 경우에는 법령등에 특별한 규정이 없는 한 그 조사를 거부한 것으로 본다.

③ 행정기관의 장은 제1항 및 제2항에 따른 조사거부자의 인적 사항 등에 관한 기초자료는 특정 개인을 식별할 수 없는 형태로 통계를 작성하는 경우에 한하여 이를 이용할 수 있다.

제23조【조사권 행사의 제한】 ① 조사원은 제9조부터 제11조까지에 따라 사전에 발송된 사항에 한하여 조사대상자를 조사하되, 사전통지한 사항과 관련된 추가적인 행정조사가 필요할 경우에는 조사대상자에게 추가조사의 필요성과 조사내용 등에 관한 사항을 서면이나 구두로 통보한 후 추가조사를 실시할 수 있다.

② 조사대상자는 법률·회계 등에 대하여 전문지식이 있는 관계 전문가로 하여금 행정조사를 받는 과정에 입회하게 하거나 의견을 진술하게 할 수 있다.

③ 조사대상자와 조사원은 조사과정을 방해하지 아니하는 범위 안에서 행정조사의 과정을 녹음하거나 녹화할 수 있다. 이 경우 녹음·녹화의 범위 등은 상호 협의하여 정하여야 한다.

제25조【자율신고제도】 ① 행정기관의 장은 법령등에서 규정하고 있는 조사사항을 조사대상자로 하여금 스스로 신고하도록 하는 제도를 운영할 수 있다.

② 행정기관의 장은 조사대상자기 제1항에 띠리 신고한 내용이 거짓의 신고라고 인정힐 민한 근거가 있거나 신고내용을 신뢰할 수 없는 경우를 제외하고는 그 신고내용을 행정조사에 갈음할 수 있다.

05 행정벌

1. 행정형벌

(1) 행정형벌이란 형법에 정해져 있는 형벌(사형·징역·금고·벌금 등)이 과하여지는 것을 말한다. 행정형벌에는 형법총칙과 죄형법정주의가 적용된다.

(2) **성립**

① 행정범은 원칙적으로 고의가 있어야 성립한다.

② 과실범의 경우에는 과실범을 처벌할 수 있는 명문의 규정이 있어야 한다. 판례는 명문의 규정이 없는 경우에도 행정벌 규정의 해석상 관련 법규의 목적과 취지를 고려해서 과실범을 처벌할 수 있다(92도1136).

(3) 양벌규정

> **판례**
>
> ▶ 종업원의 범죄성립이나 처벌이 영업주 처벌의 전제조건이 아니다(2005도7673).
>
> ▶ 지방자치단체가 자치사무(기관위임사무 ×)를 처리하는 경우에는 양벌규정의 대상이 된다(2004도2657).

2. 행정질서벌

(1) 행정질서벌이란 법률 또는 조례상 의무를 위반하여 과태료가 과하여지는 것을 말한다. 형법 총칙이 적용되지 않으며, 질서위반행위규제법이 적용된다(행정질서벌 - 죄형법정주의 ×, 질서위반행위 - 법정주의 ○).

(2) 질서위반행위규제법상의 과태료부과처분은 행정쟁송의 대상인 행정처분이 아니다.

(3) 행정형벌과 행정질서벌은 그 목적을 달리하므로 병과하여도 일사부재리 원칙에 위반되지 않는다.

질서위반행위규제법

제2조【정의】 이 법에서 사용하는 용어의 뜻은 다음과 같다.
1. "질서위반행위"란 법률(지방자치단체의 조례를 포함한다. 이하 같다)상의 의무를 위반하여 과태료를 부과하는 행위를 말한다. 다만, 다음 각 목의 어느 하나에 해당하는 행위를 제외한다.
   가. 대통령령으로 정하는 사법(私法)상·소송법상 의무를 위반하여 과태료를 부과하는 행위
   나. 대통령령으로 정하는 법률에 따른 징계사유에 해당하여 과태료를 부과하는 행위

제3조【법 적용의 시간적 범위】 ① 질서위반행위의 성립과 과태료 처분은 행위 시의 법률에 따른다.
② 질서위반행위 후 법률이 변경되어 그 행위가 질서위반행위에 해당하지 아니하게 되거나 과태료가 변경되기 전의 법률보다 가볍게 된 때에는 법률에 특별한 규정이 없는 한 변경된 법률을 적용한다.
③ 행정청의 과태료 처분이나 법원의 과태료 재판이 확정된 후 법률이 변경되어 그 행위가 질서위반행위에 해당하지 아니하게 된 때에는 변경된 법률에 특별한 규정이 없는 한 과태료의 징수 또는 집행을 면제한다.

제4조【법 적용의 장소적 범위】 ① 이 법은 대한민국 영역 안에서 질서위반행위를 한 자에게 적용한다.
② 이 법은 대한민국 영역 밖에서 질서위반행위를 한 대한민국의 국민에게 적용한다.
③ 이 법은 대한민국 영역 밖에 있는 대한민국의 선박 또는 항공기 안에서 질서위반행위를 한 외국인에게 적용한다.

제5조【다른 법률과의 관계】 과태료의 부과·징수, 재판 및 집행 등의 절차에 관한 다른 법률의 규정 중 이 법의 규정에 저촉되는 것은 이 법으로 정하는 바에 따른다.

제6조【질서위반행위 법정주의】 법률에 따르지 아니하고는 어떤 행위도 질서위반행위로 과태료를 부과하지 아니한다.

제7조【고의 또는 과실】 고의 또는 과실이 없는 질서위반행위는 과태료를 부과하지 아니한다.

제8조【위법성의 착오】 자신의 행위가 위법하지 아니한 것으로 오인하고 행한 질서위반행위는 그 오인에 정당한 이유가 있는 때에 한하여 과태료를 부과하지 아니한다.

제9조【책임연령】 14세가 되지 아니한 자의 질서위반행위는 과태료를 부과하지 아니한다. 다만, 다른 법률에 특별한 규정이 있는 경우에는 그러하지 아니하다.

제10조【심신장애】 ① 심신(心神)장애로 인하여 행위의 옳고 그름을 판단할 능력이 없거나 그 판단에 따른 행위를 할 능력이 없는 자의 질서위반행위는 과태료를 부과하지 아니한다.

② 심신장애로 인하여 제1항에 따른 능력이 미약한 자의 질서위반행위는 과태료를 감경한다.

③ 스스로 심신장애 상태를 일으켜 질서위반행위를 한 자에 대하여는 제1항 및 제2항을 적용하지 아니한다.

제11조【법인의 처리 등】 ① 법인의 대표자, 법인 또는 개인의 대리인·사용인 및 그 밖의 종업원이 업무에 관하여 법인 또는 그 개인에게 부과된 법률상의 의무를 위반한 때에는 법인 또는 그 개인에게 과태료를 부과한다.

제12조【다수인의 질서위반행위 가담】 ① 2인 이상이 질서위반행위에 가담한 때에는 각자가 질서위반행위를 한 것으로 본다.

② 신분에 의하여 성립하는 질서위반행위에 신분이 없는 자가 가담한 때에는 신분이 없는 자에 대하여도 질서위반행위가 성립한다.

③ 신분에 의하여 과태료를 감경 또는 가중하거나 과태료를 부과하지 아니하는 때에는 그 신분의 효과는 신분이 없는 자에게는 미치지 아니한다.

제13조【수개의 질서위반행위의 처리】 ① 하나의 행위가 2 이상의 질서위반행위에 해당하는 경우에는 각 질서위반행위에 대하여 정한 과태료 중 가장 중한 과태료를 부과한다.

② 제1항의 경우를 제외하고 2 이상의 질서위반행위가 경합하는 경우에는 각 질서위반행위에 대하여 정한 과태료를 각각 부과한다.

제15조【과태료의 시효】 ① 과태료는 행정청의 과태료 부과처분이나 법원의 과태료 재판이 확정된 후 5년간 징수하지 아니하거나 집행하지 아니하면 시효로 인하여 소멸한다.

06 통고처분

(1) 통고권자는 국세청장·지방국세청장 또는 세무서장, 경찰서장, 출입국관리소장 등의 행정청이다. 법원이나 검사 등은 통고처분을 할 수 없다.

(2) 통고처분을 받은 자가 이에 불복하여 통고된 내용을 이행하지 않으면 통고처분은 효력을 잃고, 형사재판에서 통고처분의 위법 여부를 다툴 수 있기 때문에 통고처분은 행정쟁송의 대상인 처분이 아니다.

07 과징금

과징금부과처분은 원칙적으로 재량행위에 해당하나, 부동산실권리자명의 등기에 관한 법률상의 명의신탁자에 대한 과징금부과처분은 기속행위로 본다(2005두17287).

> **행정기본법 제28조【과징금의 기준】** ① 행정청은 법령등에 따른 의무를 위반한 자에 대하여 법률로 정하는 바에 따라 그 위반행위에 대한 제재로서 과징금을 부과할 수 있다.
> ② 과징금의 근거가 되는 법률에는 과징금에 관한 다음 각 호의 사항을 명확하게 규정하여야 한다.
> 1. 부과·징수 주체
> 2. 부과 사유
> 3. 상한액
> 4. 가산금을 징수하려는 경우 그 사항
> 5. 과징금 또는 가산금 체납 시 강제징수를 하려는 경우 그 사항

판례

▶ 과징금부과처분은 반드시 현실적인 행위자가 아니라도 법령상 책임자로 규정된 자에게 부과되고 원칙적으로 위반자의 고의·과실이 필요 없다(2013두5005).

▶ 형사처벌과 과징금을 병과하더라도 이중처벌에 해당하지 않는다(2001헌가25).

▶ 부과관청이 과징금을 부과하면서 추후에 부과금 산정 기준이 되는 새로운 자료가 나올 경우에는 과징금액이 변경될 수도 있다고 유보한다든지, 실제로 추후에 새로운 자료가 나왔다고 하여 새로운 부과처분을 할 수는 없다(99두1571).

▶ 위반행위의 종류와 금액을 열거하지 않은 위반행위에 대해서 사업정지처분을 갈음하여 과징금을 부과하는 것은 허용되지 않는다(2017두73693).

▶ 과징금의 액수는 행정청의 재량이므로 과징금 처분기준은 최고한도액이다(99두5207).

▶ 법원은 원칙적으로 하나의 과징금 납부명령 전부를 취소하여야 한다(2005두3172).

▶ 법원이 과징금액을 산정할 수 있는 자료가 있는 경우에는, 하나의 과징금 납부명령일지라도 그 중 위법하여 그 처분을 취소하게 된 일부의 위반행위에 대한 과징금액에 해당하는 부분만을 취소할 수 있다(2004두1483).

기출지문 OX

◆ 빠른 정답 찾기 p.159
◆ 정답 및 해설 p.176

001 대집행을 하려는 경우 상당한 이행기한을 정하여 그 기한까지 이행되지 아니할 때에는 대집행을 한다는 뜻을 미리 문서로써 계고하여야 한다. ☐O☐X

002 의무자가 동의한 경우라도 행정청은 해가 뜨기 전에는 대집행을 착수할 수 없다. ☐O☐X

003 해가 지기 전에 대집행을 착수한 경우라도 해가 진 후에는 행정청은 즉시 대집행을 중단해야 한다. ☐O☐X

004 대집행에 요한 비용은 민사집행법의 예에 의하여 징수하여야 한다. ☐O☐X

005 대집행에 요한 비용에 대하여서는 행정청은 사무비의 소속에 따라 국세에 다음가는 순위의 선취득권을 가진다. ☐O☐X

006 대집행에 대하여는 행정심판을 제기할 수 없다. ☐O☐X

007 대집행을 실제 수행하는 자는 당해 행정청이어야 하는 것은 아니다. ☐O☐X

008 대집행을 할 수 있는 권한을 가진 행정청은 대집행 권한을 타인에게 위탁할 수 있다. ☐O☐X

009 비대체적 작위의무의 불이행에 대해서는 대집행이 가능하지 않다. ☐O☐X

010 관계 법령에 위반하여 장례식장 영업을 하고 있는 자의 장례식장 사용중지의무는 대집행의 대상이 아니다. ☐O☐X

011 토지·건물의 명도의무는 대집행의 대상이 될 수 있다. ☐O☐X

012 대집행은 대체적 작위의무의 불이행이 있다고 하여 언제든지 인정되는 것은 아니다. ☐O☐X

013 도시공원시설인 매점에 대해 점유자의 점유를 배제하고 그 점유를 이전받는 것은 대집행의 대상이 아니다. ○✕

014 행정대집행법은 대체적 작위의무의 부과처분에 불가쟁력이 발생할 것을 대집행의 요건으로 규정하고 있다. ○✕

015 행정청이 대집행의 방법으로 건물철거의무의 이행을 실현할 수 있는 경우, 건물철거 대집행 과정에서 부수적으로 건물의 점유자들에 대한 퇴거 조치를 할 수 없다. ○✕

016 행정상 의무이행확보수단으로 행정대집행의 절차가 인정되는 경우에는 따로 민사소송의 방법으로 의무이행을 구할 수는 없다. ○✕

017 대집행영장에 의한 통지는 준법률행위적 행정행위로서 취소소송의 대상이 될 수 없다. ○✕

018 후행처분인 대집행영장발부통보처분의 취소소송에서, 선행처분인 계고처분의 위법을 이유로 대집행영장발부통보처분이 위법하다는 주장을 할 수 없다. ○✕

019 계고처분의 후속절차인 대집행에 위법이 있다고 하더라도, 그와 같은 후속절차에 위법성이 있다는 점을 들어 선행절차인 계고처분이 부적법하다는 사유로 삼을 수는 없다. ○✕

020 행정대집행에 있어서 1차 계고에 이어 2차 계고를 행한 경우, 2차 계고는 새로운 행정처분이다. ○✕

021 철거명령과 계고처분은 계고서라는 명칭의 1장의 문서로 이루어질 수 있다. ○✕

022 대집행영장에 의한 통지는 비상시 등 그 절차를 취할 여유가 없는 경우 당해 수속을 거치지 아니하고 대집행을 할 수 있다. ○✕

023 이행강제금은 그에 관한 법적 근거가 없더라도 부과할 수 있다. ○✕

024 건축법상 이행강제금은 반복하여 부과할 수 없다. ○✕

025 건축법상 이행강제금의 납부의무는 상속인에게 승계될 수 없는 일신전속적인 성질의 것이다. ○×

026 이행강제금은 대체적 작위의무 위반에 대해서는 부과될 수 없다. ○×

027 건축물 철거와 같은 대체적 작위의무의 위반이 있는 경우 행정청은 대집행과 이행강제금을 선택적으로 활용할 수 있다. ○×

028 건축법상 시정명령이 없으면 이행강제금을 부과할 수 없다. ○×

029 이행강제금과 행정벌의 병과는 허용된다. ○×

030 건축법상 이행강제금 부과처분은 항고소송으로 다툴 수는 없다. ○×

031 행정청은 이행강제금을 부과받은 자가 납부기한까지 이행강제금을 내지 아니하면 국세강제징수의 예 또는 지방행정제재·부과금의 징수 등에 관한 법률에 따라 징수한다. ○×

032 의무불이행의 동기, 목적 및 결과는 이행강제금의 부과 금액을 가중하거나 감경할 수 있다. ○×

033 행정청은 이행강제금을 부과하기 전에 미리 의무자에게 적절한 이행기간을 정하여 그 기한까지 행정상 의무를 이행하지 아니하면 이행강제금을 부과한다는 뜻을 문서로 계고하여야 한다. ○×

034 체납자는 공매처분취소소송에서 다른 권리자에 대한 공매통지의 하자를 이유로 공매처분의 취소를 구할 수 있다. ○×

035 압류처분과 공매처분 간에는 하자가 승계된다. ○×

036 압류처분 후 과세처분의 근거법률이 위헌으로 결정된 경우에 체납자의 압류해제신청을 거부한 행정청의 행위는 위법하다. ○×

037 의무자가 행정상 의무를 이행하지 아니하는 경우 행정청이 의무자의 신체나 재산에 실력을 행사하여 그 행정상 의무의 이행이 있었던 것과 같은 상태를 실현하는 것은 직접강제에 해당한다. ☐O☐X

038 직접강제는 일반적으로 목전에 급박한 행정상 장해를 제거할 필요가 있는 경우에 미리 의무를 명할 시간적 여유가 없는 경우에 사용하는 수단이다. ☐O☐X

039 직접강제는 다른 모든 수단으로는 행정목적을 달성할 수 없는 경우에만 허용되며, 이 경우에도 최소한으로만 실시하여야 한다. ☐O☐X

040 외국인의 출입국·난민인정에 관한 사항에 관하여는 행정기본법 제5절(행정상 강제)을 적용하지 아니한다. ☐O☐X

041 행정기관의 장은 법령 등에서 규정하고 있는 조사사항을 조사대상자로 하여금 스스로 신고하도록 하는 제도를 운영할 수 있다. ☐O☐X

042 행정조사는 법령 등의 위반에 대한 처벌보다는 법령 등을 준수하도록 유도하는 데 중점을 두어야 한다. ☐O☐X

043 행정기관은 유사하거나 동일한 사안에 대하여는 공동조사 등을 실시함으로써 행정조사가 중복되지 아니하도록 하여야 한다. ☐O☐X

044 조사대상자의 자발적인 협조를 얻어 행정조사를 실시하고자 하는 경우 조사대상자는 당해 행정조사를 거부할 수 있다. ☐O☐X

045 과태료의 부과·징수 등의 절차에 관해 질서위반행위규제법과 저촉되는 다른 법률의 규정이 있다면 질서위반행위규제법보다 그 법률의 규정이 우선 적용된다. ☐O☐X

046 질서위반행위규제법 시행령으로 정하는 법률에 따른 징계사유에 해당하여 과태료를 부과하는 행위는 '질서위반행위'에 해당하지 않는다. ☐O☐X

047 질서위반행위의 성립과 과태료 처분은 처분시의 법률에 따른다. ☐O☐X

048 질서위반행위 후 법률이 변경되어 그 행위가 질서위반행위에 해당하지 아니하게 된 때에는 법률에 특별한 규정이 없는 한 변경된 법률을 적용한다. ○×

049 대한민국 영역 밖에 있는 대한민국의 선박 또는 항공기 안에서 질서위반행위를 한 외국인에게도 적용한다. ○×

050 대한민국 영역 밖에서 질서위반행위를 한 대한민국의 국민에게도 적용한다. ○×

051 법률에 따르지 아니하고는 어떤 행위도 질서위반행위로 과태료를 부과하지 아니한다. ○×

052 과태료는 행정벌의 일종이므로 그 과벌절차에는 형사소송법이 적용된다. ○×

053 과태료의 부과대상인 질서위반행위에 내해 책임주의 원칙이 적용되고 있다. ○×

054 과실에 의한 질서위반행위에 대해서는 과태료를 부과할 수 없다. ○×

055 다른 법률에 특별한 규정이 없는 한 14세가 되지 아니한 자의 질서위반행위에 대해서도 과태료를 부과한다. ○×

056 하나의 행위가 둘 이상의 질서위반행위에 해당하는 경우에는 각 질서위반행위에 대하여 정한 과태료를 모두 합산하여 부과한다. ○×

057 2인 이상이 질서위반행위에 가담한 때에는 각자가 질서위반행위를 한 것으로 본다. ○×

058 신분에 의하여 성립하는 '질서위반행위'에 신분이 없는 자가 가담한 경우 신분이 없는 자에 대하여는 '질서위반행위'가 성립하지 아니한다. ○×

059 과태료는 행정청의 과태료부과처분이나 법원의 과태료 재판이 확정된 후 5년간 징수하지 아니하거나 집행하지 아니하면 시효로 인하여 소멸한다. ○×

060 행정청이 질서위반행위에 대하여 과태료를 부과하고자 하는 때에는 당사자에게 사전통지하고, 의견을 제출할 기회를 주어야 한다. ○×

061 과태료부과에 대해서는 항고소송으로 다툴 수 있다. ☐O ☐X

062 행정청의 과태료부과에 대해 당사자의 이의제기가 있는 경우에는 행정청의 과태료부과처분은 효력을 상실한다. ☐O ☐X

063 당사자와 검사는 과태료 재판에 대하여 즉시항고를 할 수 있으며, 이 경우 항고는 집행정지의 효력이 있다. ☐O ☐X

064 과태료 재판은 검사의 명령으로써 집행한다. ☐O ☐X

065 명문의 규정이 있는 경우뿐만 아니라 관련 행정형벌법규의 해석에 의하여 과실행위도 처벌한다는 뜻이 도출되는 경우에는 과실행위에 대해서 행정형벌을 부과할 수 있다. ☐O ☐X

066 양벌규정에 의한 영업주의 처벌은 금지위반행위자인 종업원의 처벌을 전제로 하는 것이므로 종업원이 무죄인 경우에는 영업주를 처벌할 수 없다. ☐O ☐X

067 도로교통법상 경찰서장의 통고처분에 대해서는 행정소송을 통하여 불복할 수 있다. ☐O ☐X

068 과징금은 행정상 의무위반에 대한 제재이므로 과징금부과처분에는 행정절차법이 적용되지 않는다. ☐O ☐X

069 행정법규 위반에 대해 벌금 이외에 과징금을 부과하는 것은 이중처벌금지의 원칙에 반하지 않는다. ☐O ☐X

070 제재적 행정처분으로서의 과징금은 현실적인 행위자가 아닌 법령상 책임자에게 부과할 수 있다. ☐O ☐X

071 제재적 행정처분으로서의 과징금은 원칙적으로 위반자의 고의 또는 과실을 요한다. ☐O ☐X

072 과징금은 국가의 형벌권을 실행하는 과벌이 아니다. ☐O ☐X

073 법령으로 정한 '과징금을 부과하는 위반행위와 과징금의 금액'에 열거되지 않은 위반행위에 대해 사업정지처분을 갈음하여 과징금을 부과할 수 없다. ☐O ☐X

ME
MO

행정사
이준희 행정법

행정구제

핵심이론 정리

01 손해배상

1. 헌법과 국가배상법의 비교

구분	헌법	국가배상법
배상주체	국가, 공공단체	국가, 지방자치단체
영조물책임 규정	×	○
공무원 책임	공무원 자신의 책임은 면제되지 않음 (헌법 제29조 제1항 단서)	공무원에게 고의·중과실이 있으면 국가, 지방자치단체는 구상할 수 있음 (경과실은 공무원 책임 ×)
이중배상금지 대상자	군인, 군무원, 경찰공무원	군인, 군무원, 경찰공무원, 예비군대원

판례

헌법 제29조 제1항 단서는 공무원 개인의 구체적인 손해배상책임의 범위까지 규정한 것으로 보기는 어렵다 (95다38677 전원합의체).

2. 공무원의 직무상 행위로 인한 손해배상

(1) 성립요건

① 공무원이, ② 직무를 집행함에 있어서, ③ 고의 또는 과실로, ④ 위법하게, ⑤ 타인에게 손해가 발생하였고, ⑥ 공무원의 행위와 그 손해 사이에 상당인과관계가 존재하여야 한다.

(2) 공무원

공무원은 조직법상의 의미뿐만 아니라 기능적 의미까지 포함한다. 따라서 국가공무원법·지방공무원법상의 공무원뿐만 아니라 널리 공무를 위탁받아 그에 종사하는 모든 자를 포함하므로, 공무의 위탁이 일시적이고 한정적인 사항에 관한 활동을 위한 것이어도 가능하다.

공무원 ○	공무원 ×
• 교통할아버지 • 지방자치단체에서 근무하는 청원경찰	• 의용소방대원 • 우체국에서 아르바이트를 하는 자 • 공무집행에 자진 협력하는 사인 • 대집행권한을 위탁받은 한국토지공사

(3) 직무의 집행

① 직무행위는 객관적으로 보아 직무행위의 외형을 갖추고 있는 모든 행위(공무원의 주관적 의사와 관계 ×)를 의미한다.

② 직무는 단지 행정주체가 사경제 주체로서 하는 활동만 제외된다.

③ 공무원의 직무에는 사익보호성이 포함되어야 한다.

④ 직무상 작위의무는 조리에 의해서도 성립할 수 있다.

판례

▶ 국회의원은 입법에 관하여 정치적 책임을 질 뿐 법적 의무를 지는 것은 아니므로, 구체적인 입법의무 자체가 인정되지 않는 경우에는 애당초 입법부작위로 인한 불법행위가 성립할 여지가 없다(2004다33469).

▶ 입법부가 법률로써 행정부에게 특정한 사항을 위임했음에도 불구하고 행정부가 정당한 이유 없이 이를 이행하지 않는다면 위법함과 동시에 위헌적인 것이 된다(2006다3561).

▶ 헌법재판소 재판관이 청구기간 내에 제기된 헌법소원심판청구 사건에서 청구기간을 오인하여 각하결정을 한 경우, 만약 본안판단을 하였더라도 어차피 청구가 기각되었을 것이라는 사정이 있다고 하더라도 국가배상 책임을 인정할 수 있다(99다24218).

▶ 범죄경력자료를 조회하여 범죄경력을 확인하고도 범죄경력조회 회보서에 이를 기재하지 않은 것은 공무원의 중과실이 인정되므로 국가배상책임 외에 공무원 개인의 배상책임까지 인정한다(2011다34521).

▶ 상수원수의 수질을 환경기준에 따라 유지하도록 규정하고 있는 의무에 위반하여 국민에게 손해를 가하여도 국가 또는 지방자치단체는 배상책임을 부담하지 아니한다(99다36280).

▶ 국가가 위험 배제에 나서지 않으면 국민의 생명·신체·재산 등을 보호할 수 없는 경우에는 형식적 의미의 법령에 근거가 없더라도 국가나 관련 공무원에 대하여 그러한 위험을 배제할 작위의무를 인정할 수 있다(2017다211559).

(4) 고의 또는 과실로 인한 행위

판례

▶ 행정처분이 후에 항고소송에서 취소되었다고 할지라도 그 행정처분이 곧바로 공무원의 고의 또는 과실로 인한 것으로서 불법행위를 구성한다고 단정할 수는 없는 것이고, 그 행정처분의 담당공무원이 보통 일반의 공무원을 표준으로 하여 볼 때 객관적 주의의무를 결하여야 한다(2002다31018).

▶ 공무원이 재량준칙에 따라 처분을 한 경우에는 시행규칙에 정하여진 행정처분의 기준에 따른 것인 이상 결과적으로 그 처분이 재량을 일탈·남용하여 위법하게 되었다고 하더라도 과실이 없다(94다26141).

(5) 배상책임자

공무원이 소속된 국가 또는 지방자치단체이다. 국민은 '선임·감독자'와 '비용부담자'에 대하여 선택적 배상청구가 가능하다.

> **판례** ◆
>
> ▶ 지방자치단체의 장이 기관위임된 국가행정사무를 처리하는 경우 지방자치단체는 비용부담자로서 공무원의 불법행위에 의한 손해를 배상할 책임이 있다(94다38137).
>
> ▶ 지방자치단체장이 설치하여 관할 지방경찰청장에게 관리 권한을 위임한 교통신호기의 고장으로 인하여 교통사고가 발생한 경우, 지방자치단체뿐만 아니라 국가도 손해배상책임을 진다(99다11120).

(6) 배상청구권의 소멸시효

① **손해 및 가해자를 안 경우**: 피해자가 손해 및 가해자를 안 날로부터 3년간 행사하지 않으면 시효로 소멸한다.

② **피해자가 손해 및 가해자를 알지 못한 경우**: 5년간 행사하지 않으면 시효로 소멸한다.

3. 이중배상금지의 원칙

이중배상금지 대상자에 해당 ○	이중배상금지 대상자에 해당 ×
• 향토예비군 • 전투경찰순경	• 공익근무요원 • 현역병으로 입영하여 경비교도로 전임된 자

> **판례** ◆
>
> ▶ 국가배상법 제2조 제1항 단서의 면책조항은 전투·훈련 또는 이에 준하는 직무집행뿐만 아니라 '일반 직무집행'에 관하여도 적용된다(2010다85942).
>
> ▶ 이중배상금지규정에 해당하는 자도 다른 법령에 의한 보상을 지급받을 수 없는 경우에는 국가배상법에 따라 청구할 수 있다. 다만 다른 법령에 의한 보상을 받을 수 있었으나 그 청구권이 시효로 소멸한 경우에는 국가배상청구를 할 수 없다(96다28066).
>
> ▶ 국가배상법에 따라 손해배상을 받았다는 사정을 들어 보상금 등 보훈급여금의 지급을 거부할 수 없다(2015두60075).
>
> ▶ 국가배상법에 따라 손해배상을 받았다면, 군인연금법이 정하고 있는 급여의 지급을 거부할 수 있다(2018두36691).
>
> ▶ 일반인과 군인 등의 과실이 경합하여 제3자인 군인에게 피해를 입힌 경우, 가해자인 일반인은 자신의 과실부분에 한하여 손해배상을 하면 된다. 이 경우에 일반인이 국가의 책임부분까지 배상한 경우에도 국가에 대해 구상권을 행사할 수 없다(96다42420).

4. 영조물의 설치 · 관리상의 하자로 인한 손해배상(무과실책임)

판례

▶ 영조물은 국가 또는 지방자치단체가 소유권, 임차권 그 밖의 권한에 기하여 관리하고 있는 경우뿐만 아니라 사실상의 관리를 하고 있는 경우도 포함한다(94다45302).

▶ 손해발생의 예견가능성이나 회피가능성이 없다면 영조물의 하자를 인정할 수 없다(2000다56822).

▶ 예산부족의 문제는 참작사유에는 해당할 수 있지만 절대적 면책사유는 되지 못한다(66다1723).

▶ 위험의 존재를 인식하면서 굳이 위험으로 인한 피해를 용인하였다고 볼 수 없는 경우에는 손해배상액의 산정에 있어 형평의 원칙상 과실상계에 준하여 감액사유로 고려하는 것이 상당하다(2003다49566).

◆ 손해보상과 손실보상의 비교

구분	손해배상	손실보상
헌법 근거	헌법 제29조	헌법 제23조 제3항
적용법률	국가배상법	개별법 규정의 보상규정
원인	• 공무원의 직무상 행위(고의 · 과실) • 영조물 설치 · 관리상의 하자(무과실책임)	적법한 행정작용, 공공필요, 특별한 희생, 무과실책임
손해 범위	재산상 손해와 생명, 신체에 대한 손해와 정신적 손해 포함	재산적 손실만 보상
양도 · 압류	• 생명, 신체에 대한 손해로 발생한 청구권은 양도 · 압류 금지 • 재산상 손해에 대한 청구권은 양도 · 압류 가능	양도 · 압류 가능
청구 절차	배상심의회의 결정(임의) → 법원	협의 → 재결 → 법원
책임자	① **헌법**: 국가 · 공공단체 ② **국가배상법**: 국가 · 지방자치단체 ③ 선임 · 감독자와 비용부담자 모두 책임	사업시행자

02 행정상 손실보상

1. 헌법상의 보상기준(정당한 보상의 의미)

정당한 보상은 상당한 보상이 아니라 완전보상을 의미한다. 따라서 잔여물의 가치하락분에 대한 보상, 즉 감가보상도 포함하여야 한다. 그러나 개발이익은 완전보상에 포함되지 않는다. 다만, 당해 공공사업과 관계없는 다른 사업의 시행으로 인한 개발이익은 배제하지 않는다.

2. 공익사업을 위한 토지 등의 취득 및 보상에 관한 법률(토지보상법)

(1) 협의전치주의(사법상 계약)

사업인정을 받은 사업시행자는 토지소유자 및 관계인과의 협의 절차를 거쳐야 한다.

(2) 협의가 성립되지 아니하거나 협의를 할 수 없을 때

① 사업시행자는 사업인정고시가 된 날부터 1년 이내에 관할 토지수용위원회에 재결을 신청할 수 있다.

② 토지수용위원회의 수용재결은 행정심판의 재결이 아니라 최초의 처분에 해당한다.

(3) 이의신청(특별행정심판 − 임의적 전치주의)

① 중앙토지수용위원회의 재결에 이의가 있는 자는 중앙토지수용위원회에 이의를 신청할 수 있다.

② 지방토지수용위원회의 재결에 이의가 있는 자는 해당 지방토지수용위원회를 거쳐 중앙토지수용위원회에 이의를 신청할 수 있다.

③ 재결서의 정본을 받은 날부터 30일 이내에 하여야 한다.

(4) 행정소송

① 수용재결서를 받은 날부터 90일 이내에, 이의신청을 거쳤을 때에는 이의신청에 대한 재결서를 받은 날부터 60일 이내에 각각 행정소송을 제기할 수 있다.

② 행정소송이 보상금의 증감에 관한 소송인 경우 그 소송을 제기하는 자가 토지소유자 또는 관계인일 때에는 사업시행자를, 사업시행자일 때에는 토지소유자 또는 관계인을 각각 피고로 한다.

(5) 보상 방법

① 보상액의 산정은 협의에 의한 경우에는 협의 성립 당시의 가격을, 재결에 의한 경우에는 수용 또는 사용의 재결 당시의 가격을 기준으로 한다.

② 보상액을 산정할 경우에 해당 공익사업으로 인하여 토지 등의 가격이 변동되었을 때에는 이를 고려하지 아니한다.

⑹ 잔여지 수용청구권

① 잔여지를 종래의 목적에 사용하는 것이 현저히 곤란할 때 청구할 수 있다.

② 수용의 청구는 매수에 관한 협의가 성립되지 아니한 경우에만 할 수 있으며, 그 사업의 공사완료일까지 하여야 한다.

③ 잔여지 수용청구권은 형성권적 성질을 가지므로, 잔여지 수용청구를 받아들이지 않은 토지수용위원회의 재결에 대하여 토지소유자가 불복하여 제기하는 소송은 '보상금의 증감에 관한 소송'에 해당하여 사업시행자를 피고로 하여야 한다.

⑺ 잔여지 손실보상 청구권

① 잔여지의 가격이 감소하거나 그 밖의 손실이 있을 때 청구할 수 있다.

② 사업의 공사완료일부터 1년 이내에 청구해야 한다.

◆ 빠른 정답 찾기 p.159
◆ 정답 및 해설 p.180

001 국가배상법상 공무원에는 신분상 공무원 외에 널리 공무를 위탁받아 실질적으로 공무에 종사하는 모든 자가 포함된다. ○×

002 국가배상법 제2조의 공무원이란 국가공무원법이나 지방공무원법에 의해 공무원으로서의 신분을 가진 자에 국한한다. ○×

003 국가배상법 제2조상의 직무행위에는 입법작용과 사법작용이 포함된다. ○×

004 국가배상법 제2조에 의한 공무원의 직무에는 국가나 지방자치단체의 권력적 작용뿐만 아니라 비권력적 작용도 포함되지만, 단순한 사경제의 주체로서 하는 작용은 포함되지 않는다. ○×

005 부작위에 의한 국가배상책임의 성립요건인 직무상 작위의무는 조리에 의해서도 성립할 수 있다. ○×

006 경찰관이 범죄수사를 함에 있어 법규상 또는 조리상의 한계를 위반하였다면 이는 법령을 위반한 경우에 해당한다. ○×

007 헌법재판소 재판관이 청구기간 내에 제기된 헌법소원심판청구 사건에서 청구기간을 오인하여 각하결정을 한 경우 국가배상책임이 성립한다. ○×

008 인사업무담당 공무원이 다른 공무원의 공무원증을 위조한 행위는 직무집행행위에 해당한다. ○×

009 국가배상의 대상이 되는 손해는 적극적 손해인지 소극적 손해인지를 불문하나, 적어도 재산상의 손해이어야 하며 정신적 손해는 포함되지 않는다. ○×

010 국가가 국가배상책임을 이행한 경우 공무원에게 경과실이 있으면 국가는 그 공무원에게 구상할 수 있다. ○×

011 국가가 국가배상책임을 이행한 경우 공무원에게 고의 또는 중과실이 있으면 국가는 그 공무원에게 구상할 수 있다. ☐|☒

012 국가배상법은 민법 제756조 제1항 단서상의 사용자 면책조항에 상응하는 규정을 두고 있지 않다. ☐|☒

013 행정규칙상의 처분기준에 따른 영업허가취소처분이 행정심판에서 재량하자를 이유로 취소되었다면 영업허가취소처분을 한 공무원에게 국가배상법상의 과실이 인정된다. ☐|☒

014 행정처분이 후에 항고소송에서 취소되면 그 기판력에 의하여 당해 행정처분은 공무원의 고의·과실 여부와 관계없이 곧바로 불법행위를 구성한다. ☐|☒

015 가해행위인 처분에 대해 취소판결이 확정된 경우에는 기판력에 의해 국가배상소송에서도 국가배상책임이 인정된다. ☐|☒

016 생명·신체의 침해로 인한 국가배상을 받을 권리는 양도하지 못한다. ☐|☒

017 영조물 설치·관리상의 하자는 공공의 목적에 공여된 영조물이 그 용도에 따라 통상 갖추어야 할 안전성을 갖추지 못한 상태에 있음을 말한다. ☐|☒

018 국가배상법 제5조에는 점유자에게 과실이 없는 경우 점유자의 책임이 면책되는 규정이 없다. ☐|☒

019 피해자나 그 법정대리인이 손해 및 가해자를 알지 못한 경우 국가배상청구권의 소멸시효기간은 5년이다. ☐|☒

020 외국인이 피해자인 경우에는 해당 국가와 상호 보증이 있을 때에만 국가배상법이 적용된다. ☐|☒

021 국가배상법상 공공의 영조물에는 행정주체가 적법한 권원에 기하여 관리하고 있는 공물뿐 아니라 사실상 관리를 하고 있는 것도 포함된다. ☐|☒

022 공공의 영조물의 설치·관리의 하자에는 물적 하자만이 아니라 기능적 하자 또는 이용상 하자도 포함된다. ☐O☐X

023 영조물의 설치·관리자와 비용부담자가 상이한 경우 비용부담자가 부담하는 책임은 국가배상법이 정한 자신의 고유한 배상책임이다. ☐O☐X

024 국가배상책임이 있는 경우에 공무원의 선임·감독을 맡은 자와 공무원의 봉급·급여를 부담하는 자가 동일하지 아니하면 선임·감독을 맡은 자만이 손해를 배상한다. ☐O☐X

025 국가배상법 제2조 제1항에서 이중배상이 금지되는 피해자는 군인·군무원·경찰공무원 또는 예비군대원이어야 한다. ☐O☐X

026 병역법상 공익근무요원은 군인에 해당하여 이중배상이 금지되는 자에 속한다. ☐O☐X

027 전투·훈련 또는 이에 준하는 직무집행뿐만 아니라 일반 직무집행에 관하여도 적용된다. ☐O☐X

028 전투·훈련 중 민간인이 군인과 공동불법행위를 한 경우 민간인은 자신의 부담 부분만을 피해 군인에게 배상하면 된다는 것이 대법원 판례의 입장이다. ☐O☐X

029 국가공무원이 자신의 승용차를 운전하여 공무수행 중 사람을 치어 사망케 했다면 국가는 자동차손해배상 보장법상 운행자로서 배상책임을 진다. ☐O☐X

030 국가배상청구소송은 배상심의회에 배상신청을 하지 아니하고도 제기할 수 있다. ☐O☐X

031 공익사업에 필요한 토지 등의 취득 또는 사용으로 인하여 토지소유자나 관계인이 입은 손실은 사업시행자가 보상하여야 한다. ☐O☐X

032 손실보상은 다른 법률에 특별한 규정이 있는 경우를 제외하고는 현금지급을 원칙으로 한다. ☐O☐X

033 손실보상은 개인별로 보상액을 산정할 수 있는 경우에는 토지소유자나 관계인에게 개인별로 하여야 한다. ☐O☐X

034 사업시행자는 동일한 사업지역에 보상시기를 달리하는 동일인 소유의 토지 등이 여러 개 있는 경우 토지소유자나 관계인이 요구할 때에는 한꺼번에 보상금을 지급하도록 하여야 한다. ○✕

035 보상액의 산정은 협의에 의한 경우에는 협의 성립 당시의 가격을, 재결에 의한 경우에는 수용 또는 사용의 재결 당시의 가격을 기준으로 한다. ○✕

036 보상액을 산정할 경우에 해당 공익사업으로 인하여 토지 등의 가격이 변동되었을 때에는 이를 고려한다. ○✕

037 사업인정처분이 당연무효이면 그것이 유효함을 전제로 이루어진 수용재결도 무효이다. ○✕

038 수용재결에 대한 이의신청은 행정소송을 하기 위한 필수적인 전심절차이다. ○✕

039 수용재결에 대한 취소소송의 제기는 사업의 진행 및 토지의 수용 또는 사용을 정지시키지 아니한다. ○✕

040 보상금증감청구소송의 제기기간은 이의신청을 거친 경우 이의신청에 대한 재결서를 받은 날부터 60일 이내이다. ○✕

041 행정소송이 보상금의 증감에 관한 소송인 경우 그 소송을 제기하는 자가 토지소유자 또는 관계인일 때에는 사업시행자를, 사업시행자일 때에는 토지소유자 또는 관계인을 각각 피고로 한다. ○✕

042 지방토지수용위원회의 재결에 이의가 있는 자는 해당 지방토지수용위원회를 거쳐 중앙토지수용위원회에 이의를 신청할 수 있다. ○✕

043 수용재결 신청 전 협의에 의한 취득은 사법상의 법률행위에 해당한다. ○✕

044 사업인정은 고시된 날부터 7일이 경과한 날에 효력을 발생한다. ○✕

045 수용재결은 행정심판 재결의 일종으로서 행정심판법상 재결의 기속력 규정이 준용된다. $\boxed{O}\boxed{X}$

046 수용재결에 대해 이의재결을 거쳐 취소소송을 제기하는 경우 이의재결을 소송의 대상으로 하여야 한다. $\boxed{O}\boxed{X}$

047 보상금액에 불복하여 사업시행자가 제기하는 보상금감액청구소송은 민사소송에 해당하므로 토지소유자 또는 관계인을 피고로 한다. $\boxed{O}\boxed{X}$

048 공용수용은 당사자와의 협력을 기반으로 하기 때문에 최소침해의 원칙이 적용되지 않는다. $\boxed{O}\boxed{X}$

049 사업인정은 해당 사업이 토지를 수용할 수 있는 공익사업임을 확인하는 행위일 뿐 형성행위로 볼 수는 없다. $\boxed{O}\boxed{X}$

050 사업인정에 대한 쟁송기간이 도과한 경우, 사업인정이 당연무효가 아닌 한 그 위법을 이유로 수용재결의 취소를 구할 수 없다. $\boxed{O}\boxed{X}$

051 사업인정고시가 있은 후에는 다수의 이해관계인이 발생하므로 사업인정이 실효될 수 없다. $\boxed{O}\boxed{X}$

052 사업인정은 항고소송의 대상이 되는 처분에 해당한다. $\boxed{O}\boxed{X}$

053 수용재결은 행정심판의 재결의 성질을 갖는다. $\boxed{O}\boxed{X}$

054 수용재결의 효과로서 수용에 의한 사업시행자의 토지소유권 취득은 법률의 규정에 의한 원시취득이다. $\boxed{O}\boxed{X}$

055 관할 토지수용위원회에 잔여지수용청구를 하려는 토지소유자는 사업완료일까지 그 수용청구를 하여야 한다. $\boxed{O}\boxed{X}$

056 이주대책 대상자는 사업시행자가 이주대책에 대한 구체적인 계획을 수립하여 공고한 때에 수분양권을 취득한다. $\boxed{O}\boxed{X}$

057 공익사업시행지구 밖의 영업손실에 대해서도 일정한 요건하에 보상을 받을 수 있다. ○│×

058 재결에서 정한 보상금액이 일부 보상항목은 과소하고 다른 보상항목은 과다할 경우 법원은 보상항목 상호 간의 유용을 허용하여 보상금을 결정할 수 있다. ○│×

059 이의신청은 행정심판으로서의 성질을 가지며, 이에 관한 규정은 행정심판법에 대한 특별규정이다. ○│×

060 사업시행자는 사용의 개시일에 토지나 물건의 사용권을 취득하며, 그 토지나 물건에 관한 다른 권리는 재결로 인정되지 아니하더라도 사용 기간 중에 행사할 수 있다. ○│×

행정사
이준희 행정법

행정쟁송

핵심이론 정리

01 이의신청

대상	행정청의 처분(행정심판의 대상인 처분)
기간	처분을 받은 날부터 30일 이내
쟁송과의 관계	• 이의신청과 관계없이 행정심판 또는 행정소송을 제기할 수 있음 • 이의신청에 대한 결과를 통지받은 날(통지기간 내에 결과를 통지받지 못한 경우에는 통지기간이 만료되는 날의 다음날)부터 90일 이내에 행정심판 또는 행정소송을 제기할 수 있음

02 행정심판

1. 대상

(1) 행정청의 위법·부당한 처분 또는 부작위에 대하여 일반적으로 행정심판을 제기할 수 있는 개괄주의를 채택하고 있다.

(2) **행정심판의 대상이 아닌 경우**

① 대통령의 처분 또는 부작위에 대하여는 행정심판을 청구할 수 없다.

② 심판청구에 대한 재결이 있으면 그 재결 및 같은 처분 또는 부작위에 대하여 다시 행정심판을 청구할 수 없다.

2. 특별행정심판

(1) **전문적인 분야**

① 세무서장의 과세처분에 대한 심사청구 및 심판청구(국세청장 및 조세심판원)

② 특허처분에 대한 특허심판 및 재심(특허심판원)

③ 토지수용재결에 대한 이의신청(중앙토지수용위원회)

④ 공정거래 관련 처분에 대한 이의신청(공정거래위원회)

⑵ 엄정한 심사가 필요한 분야

① 국가·지방공무원·교육공무원법의 징계처분에 대한 소청심사(소청심사위원회)

② 감사원에 대한 심사청구(감사원)

⑶ 대량반복적인 경우

① 부당해고에 관한 구제명령에 대한 재심(중앙노동위원회)

② 국민건강보험금 급여결정에 대한 심판(건강보험분쟁조정위원회)

③ 고용보험급여결정에 대한 재심사(고용보험심사위원회)

④ 산재보험급여결정에 대한 재심사(산업재해보상보험재심사위원회)

3. 행정심판의 종류

구분	취소심판	무효등확인심판	의무이행심판
청구기간 제한	○	×	• 거부처분: ○ • 부작위: ×
사정재결	○	×	○
인용재결	• 취소재결 • 변경재결 • 변경명령재결	• 처분무효·유효·실효확인재결 • 처분존재·부존재확인재결	• 처분재결 • 처분명령재결
실효성 확보수단	간접강제	간접강제	• 직접처분 • 간접강제

4. 행정심판위원회 설치와 종류

중앙행정심판위원회	① 국가행정기관의 장 또는 그 소속 행정청 ② 특별시·광역시·특별자치시·도·특별자치도의 장, 교육감, 의회
시·도지사 소속 행정심판위원회	① 시·도 소속 행정청 ② 시·도의 관할구역에 있는 시·군·자치구의 장, 소속 행정청, 의회
해당 행정청의 소속	① 감사원, 국가정보원장 등 ② 국가인권위원회 등 ③ 국회사무총장·법원행정처장·헌법재판소사무처장, 중앙선거관리위원회 사무총장 등
직근 상급행정기관	그 밖의 행정청
특별행정심판위원회	소청심사위원회, 조세심판원, 중앙토지수용위원회 등 (도로교통법상 행정심판 → 특별행정심판 ×)

5. 행정심판청구서의 제출

행정심판을 청구하려는 자는 행정심판법 제28조에 따라 심판청구서를 작성하여 피청구인이나 위원회에 제출하여야 한다.

> **판례** ◆
>
> 행정심판청구는 엄격한 형식을 요하지 아니하는 서면행위이다. 따라서 '진정서'라는 제목의 서면 제출을 행정심판청구로 볼 수 있다(98두2621).

6. 피청구인 경정

피청구인 경정	행정심판법	행정소송법
잘못 지정	직권 또는 신청	신청
승계	직권 또는 신청	직권 또는 신청

7. 임시처분

(1) 위원회는 처분 또는 부작위가 위법·부당하다고 상당히 의심되는 경우로서 처분 또는 부작위 때문에 당사자가 받을 우려가 있는 중대한 불이익이나 당사자에게 생길 급박한 위험을 막기 위하여 임시지위를 정하여야 할 필요가 있는 경우에는 직권으로 또는 당사자의 신청에 의하여 임시처분을 결정할 수 있다.

(2) 집행정지로 목적을 달성할 수 있는 경우에는 허용되지 아니한다.

8. 재결의 효력

재결도 행정행위의 하나이므로, 그것이 당연무효인 경우를 제외하고 불가변력·불가쟁력·공정력·형성력 등을 가진다(기판력 ×).

9. 직접처분 · 간접강제

(1) 직접처분

위원회는 피청구인이 처분명령재결에 따른 재처분의무에도 불구하고 처분을 하지 아니하는 경우에는 당사자가 신청(직권 ×)하면 기간을 정하여 서면으로 시정을 명하고 그 기간에 이행하지 아니하면 직접처분을 할 수 있다. 다만, 그 처분의 성질이나 그 밖의 불가피한 사유로 위원회가 직접처분을 할 수 없는 경우에는 그러하지 아니하다.

(2) 간접강제

위원회는 피청구인이 재처분의무에 따른 처분을 하지 아니하면 청구인의 신청(직권×)에 의하여 결정으로 상당한 기간을 정하고 피청구인이 그 기간 내에 이행하지 아니하는 경우에는 그 지연기간에 따라 일정한 배상을 하도록 명하거나 즉시 배상을 할 것을 명할 수 있다.

10. 고지

(1) 불고지의 청구기간

청구인이 실제로 처분이 있었음을 알았는지 여부와 심판청구기간에 관하여 알았는지 여부는 묻지 아니하고 처분이 있었던 날로부터 180일이 적용된다.

(2) 오고지의 청구기간

행정청이 심판청구기간을 처분이 있음을 알게 된 날로부터 90일보다 긴 기간으로 잘못 알린 경우 그 잘못 알린 기간에 심판청구가 있으면 그 행정심판은 처분이 있음을 알게 된 날로부터 90일 내에 청구된 것으로 본다.

구분	행정절차법	행정심판법	행정소송법
고지	○	○	×
오고지 · 불고지	×	○	×

03 행정소송

1. 행정소송의 종류

행정소송법
제3조【행정소송의 종류】 행정소송은 다음의 네가지로 구분한다.
1. 항고소송 : 행정청의 처분등이나 부작위에 대하여 제기하는 소송
2. 당사자소송 : 행정청의 처분등을 원인으로 하는 법률관계에 관한 소송 그 밖에 공법상의 법률관계에 관한 소송으로서 그 법률관계의 한쪽 당사자를 피고로 하는 소송
3. 민중소송 : 국가 또는 공공단체의 기관이 법률에 위반되는 행위를 한 때에 직접 자기의 법률상 이익과 관계없이 그 시정을 구하기 위하여 제기하는 소송
4. 기관소송 : 국가 또는 공공단체의 기관상호간에 있어서의 권한의 존부 또는 그 행사에 관한 다툼이 있을 때에 이에 대하여 제기하는 소송. 다만, 헌법재판소법 제2조의 규정에 의하여 헌법재판소의 관장사항으로 되는 소송은 제외한다.

> **제4조 【항고소송】** 항고소송은 다음과 같이 구분한다.
> 1. 취소소송 : 행정청의 위법한 처분등을 취소 또는 변경하는 소송
> 2. 무효등 확인소송 : 행정청의 처분등의 효력 유무 또는 존재여부를 확인하는 소송
> 3. 부작위위법확인소송 : 행정청의 부작위가 위법하다는 것을 확인하는 소송

행정소송법에 규정이 없는 의무이행소송, 예방적 금지소송(예방적 부작위소송) 등은 권력분립 원리상 인정하지 않는다.

2. 취소소송을 준용하지 않는 사항

(1) 당사자소송

행정심판전치주의, 제소기간, 간접강제, 재심청구, 사정판결, 집행정지, 대세효(제3자효), 취소소송의 대상, 피고적격

(2) 무효등확인소송

행정심판전치주의, 제소기간, 간접강제, 사정판결

(3) 부작위위법확인소송

처분변경으로 인한 소의 변경, 사정판결, 집행정지, 제소기간(행정심판 거친 경우에는 준용)

04 당사자소송

1. 형식적 당사자소송

형식적 당사자소송은 개별법상 인정하고 있는 경우에 한하여 인정한다.

예 토지보상법상 보상금증감청구소송

2. 가집행선고와 가처분

당사자소송에서는 가집행선고와 민사집행법상 가처분을 할 수 있다.

당사자소송	항고소송
• 광주민주화운동 관련 보상금 지급	• 민주화운동 보상금 지급대상자 결정
• 명예퇴직한 법관의 미지급 명예퇴직수당의 지급 청구에 대한 법원행정처장의 거부	• 공무원연금관리공단의 급여 지급결정
• 주택재건축정비사업조합 관리처분계획안에 대한 조합총회결의 효력	• 퇴역연금 지급 청구에 대한 국방부장관의 거부
	• 관리처분계획에 대한 인가가 있은 후 관리처분 계획안에 대한 조합총회결의 효력

당사자소송	민사소송
• 하천구역 편입토지에 관한 손실보상청구권 • 부가가치세 환급세액 지급 청구 • 재해위로금지급 청구 • 세입자의 주거이전비 보상청구 • 지방전문직(공중보건의사) 채용계약 해지	• 부당이득반환청구소송 • 조세과오납금 반환청구소송 • 국가배상청구소송 • 환매권 존부 확인 소송과 환매금액 증감 소송

05 취소소송

1. 관련청구소송의 이송 · 병합

(1) 이송의 방향

손해배상 · 부당이득반환 등(손실보상×)의 청구소송을 심리 중인 법원(민사법원)은 당사자의 신청 뜨는 직권으로 취소소송을 심리 중인 법원(행정법원)으로 이송한다.

(2) 관련청구소송의 병합

행정소송법은 관련청구의 객관적 병합, 주관적 병합, 원시적 · 추가적 병합을 모두 인정하고 있다. 그러나 행정처분에 대한 무효확인과 취소청구는 서로 양립할 수 없는 청구이기 때문에, 예비적 병합은 가능하지만 선택적 병합이나 단순 병합은 허용되지 아니한다.

2. 원고적격

취소소송은 처분 등의 취소를 구할 법률상 이익이 있는 자가 제기할 수 있다. 처분 등의 효과가 기간의 경과, 처분 등의 집행 그 밖의 사유로 인하여 소멸된 뒤에도 그 처분 등의 취소로 인하여 회복되는 법률상 이익이 있는 자의 경우에는 또한 같다.

> **판례**
>
> ▶ 인근 주민들은 상수원보호구역변경처분의 취소를 구할 법률상의 이익이 없다(94누14544).
>
> ▶ 헌법상 환경권에 기한 원고적격은 부정한다(새만금 사건)(2006두330).
>
> ▶ 개발제한구역에서 해제하는 내용의 도시관리계획변경결정에 대하여, 개발제한구역 해제대상에서 누락된 토지의 소유자는 위 결정의 취소를 구할 법률상 이익이 없다(2007두10242).

3. 협의의 소의 이익(권리보호의 필요성)

처분 등의 취소로 인하여 회복되는 법률상 이익이 있는 경우를 의미한다. 처분의 효력이 소멸한 후, 원상회복이 불가능한 경우와 처분 후의 사정변경이 있는 경우에는 원칙적으로 협의의 소의 이익은 인정되지 않는다.

판례

▶ 제명의결 취소소송 계속 중 임기가 만료된 경우 소의 이익이 있다(2007두13487).

▶ 대학입학고사 불합격처분의 취소를 구하는 소송 계속 중 당해 연도의 입학시기가 지나 입학정원에 못 들어가게 된 경우 소의 이익이 있다(89누8255).

▶ 고등학교에서 퇴학처분을 당한 후 고등학교졸업학력검정고시에 합격한 경우, 퇴학처분의 취소를 구할 소의 이익이 있다(91누4737).

▶ 현역입영대상자는 입영한 후에 현역병입영통지처분의 취소를 구할 소송상의 이익이 있다(2003두1875).

▶ 불합격처분 이후 새로 실시된 시험에 합격한 자들은 법률상의 이익이 없다(93누6867).

▶ 공익근무요원 소집해제신청 거부처분 후에 복무기간 만료로 소집해제처분을 한 경우 법률상의 이익이 없다(2004두4369).

4. 피고적격

(1) 합의제 행정청의 피고적격

합의제 행정청(위원회)은 원칙적으로 그 자체(위원회)가 피고가 된다. 다만, 중앙노동위원회와 중앙해양안전심판원, 그리고 시·도 인사위원회는 그 장이 피고가 된다.

(2) 대통령 등이 처분청인 경우

① 대통령이 공무원에 대하여 징계 기타 불이익한 처분을 한 경우에는 업무가 속한 소속장관이 피고가 된다.

② 국회의장이 처분청인 경우에는 국회 사무총장이 피고가 된다.

③ 대법원장의 처분에 대해서는 법원 행정처장이 피고가 된다.

④ 헌법재판소장의 처분에 대해서는 사무처장이 피고가 된다.

⑶ **권한의 위임(위탁)·내부위임 또는 대리의 경우**

　① **권한의 위임(위탁)이 있는 경우**: 권한의 위임이나 위탁이 있게 되면 수임·수탁청이 피고가 된다.

　② **권한의 내부위임 또는 대리의 경우**: 내부위임 또는 대리의 경우 받은 행정청이 위임청의 이름으로 처분을 한 경우 대외적으로 권한을 가지고 있는 위임청이 피고가 되며, 내부위임 또는 대리를 받은 자는 피고적격이 없다. 반면에 내부위임 또는 대리를 받은 행정청이 자신의 이름으로 처분을 한 경우 처분의 명의자가 수임청으로 되어 있으므로 수임청이 피고가 된다.

> **판례**
>
> 처분 등을 할 정당한 권한을 가진 행정청만이 피고적격을 가지는 것은 아니다(94누2763).

⑷ **지방의회와 지방자치단체장**

　① 처분적 조례의 경우에는 지방자치단체의 장이 피고가 된다.

　② 교육조례의 경우에는 교육감이 피고가 된다.

　③ 지방의회의원에 대한 징계의결, 의장선거, 의장에 대한 불신임 결의 취소소송에서의 피고는 지방의회가 된다.

5. 재심청구

⑴ 처분 등을 취소하는 판결에 의하여 권리 또는 이익의 침해를 받은 제3자는 자기에게 책임없는 사유로 소송에 참가하지 못함으로써 판결의 결과에 영향을 미칠 공격 또는 방어방법을 제출하지 못한 때에는 이를 이유로 확정된 종국판결에 대하여 재심의 청구를 할 수 있다.

⑵ 재심청구는 확정판결이 있음을 안 날로부터 30일 이내, 판결이 확정된 날로부터 1년 이내에 제기하여야 한다.

6. 대상

처분성 긍정	처분성 부정
• 두밀분교폐지조례 • 약제급여 · 비급여목록 및 급여상한금액표에 관한 보건복지부 고시 • 항정신병 치료제의 요양급여 인정기준에 관한 보건복지부 고시 • 청소년유해매체물 결정 · 고시	
• 토지거래허가구역지정 • 산업재해보상보험법상 장해등급결정 • 표준지공시지가결정, 개별공시지가결정 • 세무조사결정 • 병무청장의 병역의무 기피자의 인적사항에 대한 공개 결정	• 정부투자기관에 대한 예산편성지침통보 • 대학입시기본계획 내의 내신성적산정지침 • 공정거래위원회의 고발조치 · 의결 • 군의관의 신체등위 판정 • 운전면허 행정처분처리대장상 벌점의 배점 • 조세원천징수 의무자의 원천징수행위 • 부가가치세법상 사업자등록 직권말소
• 대학교 조교수에 대한 임용기간만료의 통지	• 원천납세의무자에 대한 소득금액변동통지 • 정년퇴직 발령 • 공무원임용결격사유자에 대한 임용취소 통보 • 당연퇴직의 통보 인사발령 • 한국자산공사의 재공매(입찰) 결정 통지
• 반복된 거부처분 • 적법한 행정심판청구를 각하한 재결	

7. 취소소송과 행정심판과의 관계

(1) 원칙 − 임의적 전치주의

(2) 예외 − 필요적 전치주의

① 전심절차를 거쳤는지 여부는 소송요건으로서 직권조사사항에 해당한다.

② **판단의 기준시**: 행정심판의 재결이 있기 전에 제기된 행정소송은 부적법한 소이지만 소가 각하되지 않는 동안 재결이 있으면 전치의 요건은 충족된 것으로 본다.

(3) 필요적 행정심판전치주의의 예외

행정심판을 제기한 후 재결을 거치지 아니하고 취소소송을 제기할 수 있는 경우	행정심판을 제기함이 없이 취소소송을 제기할 수 있는 경우
① 행정심판청구가 있은 날로부터 60일이 지나도 재결이 없는 때 ② 처분의 집행 또는 절차의 속행으로 생길 중대한 손해를 예방하여야 할 긴급한 필요가 있는 때 ③ 법령의 규정에 의한 행정심판기관이 의결 또는 재결을 하지 못할 사유가 있는 때 ④ 그 밖의 정당한 사유가 있는 때	① 동종사건에 관하여 이미 행정심판의 기각재결이 있은 때 ② 서로 내용상 관련되는 처분 또는 같은 목적을 위하여 단계적으로 진행되는 처분 중 어느 하나가 이미 행정심판의 재결을 거친 때 ③ 행정청이 사실심의 변론종결 후 소송의 대상인 처분을 변경하여 당해 변경된 처분에 관하여 소를 제기하는 때 ④ 처분을 행한 행정청이 행정심판을 거칠 필요가 없다고 잘못 알린 때

8. 제소기간

(1) 처분 등이 있음을 안 날부터 90일 이내(불변기간)

(2) 처분 등이 있은 날부터 1년

(3) 행정심판을 거친 경우에는 재결서의 정본을 송달받은 날부터 90일 이내

판례

▶ 처분이 있음을 안 경우는 행정처분의 위법 여부를 판단한 날은 아니다(90누6521).

▶ 특정인에 대한 행정처분을 주소불명 등의 이유로 송달할 수 없어 관보·공보·게시판·일간신문 등에 공고한 경우에는 상대방이 당해 처분이 있었다는 사실을 현실적으로 안 날이다(2005두14851).

▶ 불특정 다수인에 대한 처분으로서 고시·공고 등에 의하여 효력이 발생하는 처분에 대해서는 공고 등이 있음을 현실적으로 알았는지 여부를 불문하고, 고시가 효력을 발생하는 날에 처분이 있음을 알았다고 보고 그때부터 제소기간을 기산한다(2004두619).

▶ 행정청이 영업자에게 행정제재처분을 한 후 그 처분을 영업자에게 유리하게 변경하는 처분을 한 경우 취소소송의 대상 및 제소기간의 판단기준은 당초처분으로 하여야 한다(2004두9302).

▶ 처분 당시에는 취소소송의 제기가 법제상 허용되지 않아 소송을 제기할 수 없다가 위헌결정으로 인하여 비로소 취소소송을 제기할 수 있게 된 경우 제소기간의 기산점은 위헌결정이 있은 날 또는 위헌결정이 있음을 안 날이다(2007두20997).

▶ 행정심판법상 불고지·오고지 규정이 행정소송 제기에도 당연히 적용되는 것은 아니다(2000두6916).

▶ 처분이 있음을 안 날부터 90일을 넘겨 청구한 부적법한 행정심판청구에 대한 재결이 있은 후 재결서를 송달받은 날부터 90일 이내에 원래의 처분에 대하여 취소소송을 제기하였다고 하여 취소소송이 다시 제소기간을 준수한 것으로 되는 것은 아니다(2011두18786).

9. 소제기의 효과

(1) 원칙

취소소송의 제기는 처분 등의 효력이나 그 집행 또는 절차의 속행에 영향을 주지 아니한다.

(2) 집행정지의 요건

적극적 요건 (신청인이 주장 · 소명)	• 처분 등이 존재할 것 • 본안소송이 적법하게 계속되어 있을 것 • 회복하기 어려운 손해발생의 우려가 있을 것 　☑ 행정심판 : 중대한 손해 • 긴급한 필요가 있을 것
소극적 요건 (행정청이 주장 · 소명)	• 공공복리에 중대한 영향을 미칠 우려가 없을 것 • 본안청구가 이유 없음이 명백하지 아니할 것

(3) 집행정지의 효과

처분의 효력정지는 처분 등의 집행 또는 절차의 속행을 정지함으로써 목적을 달성할 수 있는
경우에는 허용되지 아니한다.

> **판례**
>
> ▶ 거부처분은 집행정지의 대상이 아니다(95두26).
>
> ▶ 항고소송에 대하여는 민사집행법 중 가처분에 관한 규정의 적용을 인정할 수 없다(92마54).

10. 심리

(1) 변론주의와 직권탐지주의(직권심리주의)

행정소송에서 심리의 기본원칙은 변론주의가 되지만 보충적으로 직권탐지주의가 적용된다.
따라서 법원은 필요하다고 인정할 때에는 직권으로 증거조사를 할 수 있고, 당사자가 주장하지
아니한 사실에 대하여도 판단할 수 있다. 다만, 직권탐지주의는 소송기록에 나타난 사실에
한정하여 인정하고 있다.

(2) 위법성 판단

취소소송(거부처분에 대한 취소소송 포함)은 처분시를 기준으로 위법성을 판단한다. 다만, 부작
위위법확인소송은 판결시를 기준으로 위법성을 판단한다.

판례

▶ 법원은 행정처분 당시 행정청이 알고 있었던 자료뿐만 아니라 사실심 변론종결 당시까지 제출된 모든 자료를 종합하여 처분 당시 존재하였던 객관적 사실을 확정하고 그 사실에 기초하여 처분의 위법 여부를 판단할 수 있다(92누19033).

▶ 여러 개의 처분사유 중 일부가 적법하지 않으나 다른 처분사유로써 처분의 정당성이 인정되는 경우, 그 처분은 적법하다(2013두963).

(3) 처분사유 추가 · 변경

처분청은 당초 처분의 근거로 삼은 사유와 기본적 사실관계가 동일성이 있다고 인정되는 한도 내에서만 다른 사유를 추가 또는 변경할 수 있다. 이때, 정보공개법상 각각의 비공개사유는 기본적 사실관계의 동일성이 없다.

판례

추가 또는 변경된 사유가 처분 당시에 이미 존재하고 있었다거나 당사자가 그 사실을 알고 있었다고 하여 당초의 처분사유와 동일성이 있다고 할 수 없다(2003두8395).

11. 판결의 종류

(1) 각하판결

소송요건을 갖추지 못하여 부적법한 경우 본안심리를 거부하는 판단이다.

(2) 기각판결

원고의 청구가 이유 없어서 청구를 배척하는 원고 패소의 판결이다.

(3) 사정판결

① 원고의 청구가 이유 있다고 인정하는 경우에도 처분 등을 취소하는 것이 현저히 공공복리에 적합하지 않다고 인정하는 때에는 당사자의 신청 또는 법원의 직권으로 원고의 청구를 기각할 수 있다.
② 처분의 위법성 판단은 처분시를 기준으로 하고, 사정판결의 필요성 판단은 판결시를 기준으로 한다.
③ 사정판결의 필요성에 대한 주장 · 입증의 책임은 피고인 행정청이 부담하여야 한다.
④ 판결의 주문에서 그 처분 등이 위법함을 명시하여야 한다.
⑤ 소송비용은 피고의 부담으로 한다.

(4) 인용판결

원고의 취소청구가 이유 있다고 인정하는 판결이다.

12. 판결의 효력 − 기판력과 기속력

(1) 기판력(후소법원과 당사자에 대한 효력)

취소소송의 판결이 확정되면, 확정된 판단내용은 당사자(원고·피고) 및 법원(후소법원)을 구속하여 이후에 동일 사항이 다시 소송상 문제되는 경우에 당사자 및 법원은 확정판결의 내용과 모순되는 주장·판단을 할 수 없다. 행정소송법에 명문 규정은 없으나, 민사소송법을 준용한다.

(2) 기속력(인용판결시 행정기관에 대한 구속력)

판례

▶ 거부처분을 취소하는 판결이 확정된 경우에도 새로운 사유를 내세워 다시 이전의 신청에 대하여 거부처분을 할 수 있다(98두1895).

▶ 절차상 하자를 이유로 거부처분을 취소하는 판결이 확정된 경우에는 절차를 보완하여 다시 종전의 신청에 대한 거부처분을 할 수 있다(2003두13045).

▶ 기속력은 판결의 주문뿐만 아니라 그 전제가 되는 처분 등의 구체적 위법사유에 관한 이유 중의 판단에 대하여도 인정된다(99두5238).

▶ 새로운 처분이 종전 처분과 기본적 사실관계에 있어 동일성이 없다면 그 처분이 기속력에 저촉되는 처분이라고 할 수 없다(2015두48235).

◆ 기판력과 기속력의 비교

구분	기판력	기속력
인적범위	당사자와 후소 법원을 구속하는 힘	처분청과 관계행정청을 구속하는 힘
인정범위	인용판결과 기각판결에 모두 인정됨	인용판결에만 인정됨
객관적 범위	주문에 표시된 처분의 위법 또는 적법성 판단	주문과 이유에 설시된 개개의 위법사유
내용	소송당사자와 법원은 판결내용과 모순·저촉되는 판단을 할 수 없음	반복금지의무, 재처분의무, 결과제거의무
위반효과	재심청구사유	무효

13. 취소소송과 무효등확인소송의 관계

(1) 무효사유인 행정처분에 대하여 취소소송을 제기한 경우(무효선언적 의미의 취소소송)

무효선언적 의미의 취소판결을 할 수 있다. 다만, 형식적으로 취소소송이 제기되었으므로 취소소송의 소송요건을 준수하여야 한다.

(2) 취소사유인 행정처분에 무효등확인소송을 제기한 경우

① 취소소송의 요건을 갖추지 못한 경우에는 제기된 무효등확인소송에 대하여 기각판결을 내려야 한다.

② 무효확인소송을 제기하였으나 그 처분에 취소사유에 불과한 흠이 있고 취소소송의 제기요건을 갖추었다면, 무효가 아니면 취소라도 구하는 취지인지를 석명하여 취소의 소로 변경하도록 한 후 취소판결을 해야 한다.

> **판례**
>
> 일반적으로 행정처분의 무효확인을 구하는 소에는 원고가 그 처분의 취소를 구하지 아니한다고 밝히지 아니한 이상 그 처분이 만약 당연무효가 아니라면 그 취소를 구하는 취지도 포함되어 있는 것으로 보아야 한다(94누477).

기출지문 OX

◆ 빠른 정답 찾기 p.159
◆ 정답 및 해설 p.183

001 청구인적격이 없는 자가 제기한 행정심판이라고 하더라도 본안심리를 거쳐서 기각하여야 한다.
○|×

002 행정심판의 대상은 행정청의 위법·부당한 처분에 한정되며, 부작위는 대상이 될 수 없다.
○|×

003 대통령의 처분에 대하여는 다른 법률에서 행정심판을 청구할 수 있도록 정한 경우 외에는 행정심판을 청구할 수 없다.
○|×

004 심판청구에 대한 재결이 있으면 그 재결 및 같은 처분 또는 부작위에 대하여 다시 행정심판을 청구할 수 없다.
○|×

005 시·도행정심판위원회의 재결에 불복하는 청구인은 중앙행정심판위원회에 행정심판을 재청구할 수 있다.
○|×

006 청구인은 행정심판청구서를 피청구인인 행정청에 제출할 수 없다.
○|×

007 부작위란 행정청이 당사자의 신청에 대하여 상당한 기간 내에 일정한 처분을 하여야 할 법률상 의무가 있는데도 처분을 하지 아니하는 것을 말한다.
○|×

008 취소심판의 청구기간은 무효등확인심판청구에도 적용한다.
○|×

009 법인이 아닌 사단은 대표자나 관리인이 정하여져 있는 경우에도 그 사단의 이름으로 심판청구를 할 수 없다.
○|×

010 행정소송법에는 의무이행소송이 규정되어 있지 않은 반면, 행정심판법에는 의무이행심판이 규정되어 있다.
○|×

011 서울특별시장과 서울특별시의회의 처분 또는 부작위에 대한 심판청구는 중앙행정심판위원회에서 심리·재결한다. ☐O☐X

012 감사원의 처분에 대한 행정심판의 청구는 중앙행정심판위원회에서 심리·재결한다. ☐O☐X

013 '새로운 처분의 처분사유'와 '종전 처분에 관하여 위법한 것으로 재결에서 판단된 사유'가 기본적 사실관계에 있어 동일성이 없다면 새로운 처분은 종전 처분에 대한 재결의 기속력에 저촉되지 않는다. ☐O☐X

014 행정심판은 처분이 있음을 알게 된 날부터 180일 이내에 청구하여야 한다. ☐O☐X

015 청구인이 경제적 능력으로 인해 대리인을 선임할 수 없는 경우에는 행정심판위원회에 국선대리인을 선임하여 줄 것을 신청할 수 있다. ☐O☐X

016 여러 명의 청구인이 공동으로 심판청구를 할 때에는 청구인들 중에서 3명 이하의 선정대표자를 선정할 수 있다. ☐O☐X

017 의무이행심판은 처분을 신청한 자로서 행정청의 거부처분 또는 부작위에 대하여 일정한 처분을 구할 법률상 이익이 있는 자가 청구할 수 있다. ☐O☐X

018 도로점용허가 신청에 대하여 처분청이 거부처분을 하였다면, 거부처분 취소심판이나 의무이행심판을 제기할 수 있다. ☐O☐X

019 처분의 취소를 구하는 취지의 처분청에 대한 진정서 제출은 행정심판법 소정의 행정심판청구가 될 수 있다. ☐O☐X

020 고시 또는 공고에 의하여 행정처분을 하는 경우, 행정심판청구기간의 기산일은 고시 또는 공고의 효력발생일이다. ☐O☐X

021 행정심판에 있어서 행정심판위원회는 재결 당시까지 제출된 모든 자료를 종합하여 행정처분의 위법·부당 여부를 판단할 수 있다. ☐O☐X

022 형성적 재결이 있는 경우에는 그 대상이 된 행정처분은 재결 자체에 의하여 당연히 취소되어 소멸된다. ☐ ☒

023 행정심판법상 재결의 기속력은 당해 처분에 관하여 재결주문 및 그 전제가 된 요건사실의 인정과 판단뿐만 아니라 이와 직접 관계가 없는 다른 처분에 대하여도 .미친다. ☐ ☒

024 행정심판위원회는 당사자의 동의가 없더라도 심판청구의 신속하고 공정한 해결을 위하여 조정을 할 수 있다. ☐ ☒

025 행정심판위원회는 사정재결시 그 재결의 주문에서 그 처분 또는 부작위가 위법하거나 부당하다는 것을 구체적으로 밝혀야 한다. ☐ ☒

026 집행정지로 목적을 달성할 수 있는 경우에도 임시처분이 허용된다. ☐ ☒

027 행정심판법상 임시처분은 당사자의 신청이 있는 경우에만 할 수 있다. ☐ ☒

028 처분청이 심판청구기간을 법정기간보다 긴 기간으로 잘못 고지한 경우, 심판청구기간은 당해 처분이 있은 날부터 180일이 된다. ☐ ☒

029 행정심판위원회는 심판청구의 대상이 되는 처분보다 청구인에게 불리한 재결을 할 수 있다. ☐ ☒

030 처분 등을 원인으로 하는 법률관계에 관한 다툼이 있는 경우 당사자는 당사자심판을 제기할 수 있다. ☐ ☒

031 행정심판위원회는 필요하면 당사자가 주장하지 아니한 사실에 대하여도 심리할 수 있다. ☐ ☒

032 취소심판의 인용재결 중에 처분취소명령재결은 없다. ☐ ☒

033 행정심판법상 재결은 서면으로 한다. ☐ ☒

034 행정심판법상 재결은 청구인에게 재결서의 정본이 송달되었을 때에 그 효력이 생긴다. ☐ ☒

035 행정심판위원회는 심판청구가 적법하지 아니하면 그 심판청구를 각하한다. ☐O☐X

036 거부처분 취소심판의 경우 행정심판위원회는 직접처분을 할 수 있다. ☐O☐X

037 의무이행심판의 인용재결이 처분명령재결인 경우 행정심판위원회는 직접처분을 할 수 없다.
☐O☐X

038 행정심판위원회는 사정의 변경이 있어 당사자가 신청하는 경우에도 간접강제결정의 내용을
변경할 수 없다. ☐O☐X

039 행정심판의 청구인은 간접강제결정에 불복하는 경우 그 결정에 대하여 행정소송을 제기할
수 있다. ☐O☐X

040 간접강제결정에 기초한 강제집행에 관하여 행정심판법에 특별한 규정이 없는 사항에 대하여는
행정기본법의 규정을 준용한다. ☐O☐X

041 행정심판 재결에는 특별한 사유가 없는 한 불가변력이 발생하지 않는다. ☐O☐X

042 행정심판에서는 사정재결이 인정되고 있지 않다. ☐O☐X

043 행정심판법은 무효등확인심판에서는 사정재결을 할 수 없음을 명문으로 규정하고 있다.
☐O☐X

044 행정심판법상 처분의 부존재확인심판은 허용되지 않는다. ☐O☐X

045 의무이행심판에서 청구가 이유 있으면 신청에 따른 처분을 하거나 처분을 할 것을 피청구인
에게 명하는 재결을 한다. ☐O☐X

046 심리는 구술심리나 서면심리로 하고, 당사자가 구술심리를 신청한 경우에는 서면심리는 할
수 없다. ☐O☐X

047 항고소송에서의 처분사유의 추가·변경의 법리는 행정심판에 적용되지 않는다. ☐O☐X

048 행정심판을 권리구제를 위한 필요적 전심절차로 규정하면서도 그 절차에 사법절차를 준용하지 않는 것은 헌법에 위반된다. ○X

049 행정처분에 대해 행정소송으로는 위법성 통제만 가능한 데 반하여, 행정심판으로는 위법성 뿐만 아니라 부당성 통제도 가능하다. ○X

050 취소소송은 법령의 규정에 의하여 당해 처분에 대한 행정심판을 제기할 수 있는 경우에도 이를 거치지 아니하고 제기할 수 없다. ○X

051 행정소송법은 행정소송에 대한 각급 판결에 의하여 명령·규칙이 헌법 또는 법률에 위반된 다는 것이 확정된 경우에는 각급 법원은 지체 없이 그 사유를 행정안전부장관에게 통보하도록 규정하고 있다. ○X

052 행정소송법에 규정이 없는 의무이행소송, 예방적 금지소송(예방적 부작위소송), 그리고 작위 의무확인소송 등은 권력분립원리상 인정하지 않는다. ○X

053 소송참가를 하였지만 패소한 제3자가 제기하는 행정소송법 제31조에 따른 재심청구는 행정 소송법상 허용된다. ○X

054 행정소송법상의 당사자소송에는 민사집행법상의 가처분에 관한 규정이 준용된다. ○X

055 당사자소송에서는 행정소송법상의 집행정지가 인정되지 않는다. ○X

056 당사자소송의 인정에 있어서는 개별법의 근거가 필요하다. ○X

057 당사자소송에는 행정청의 소송참가가 허용되지 않는다. ○X

058 당사자소송의 피고는 원칙적으로 처분을 행한 행정청이 된다. ○X

059 지방소방공무원이 소속 지방자치단체를 상대로 초과근무수당의 지급을 구하는 소송은 당사자 소송 절차에 따라야 한다. ○X

060 지방전문직공무원 채용계약의 해지에 대한 불복은 당사자소송이 아니라 항고소송으로 하여야 한다. ○X

061 당사자소송의 제소기간에 대해서는 취소소송의 제소기간에 관한 규정이 준용된다. ☐○☐✕

062 행정심판기록의 제출명령에 관한 규정은 당사자소송에는 준용되지 않는다. ☐○☐✕

063 주민소송은 주관적 소송에 해당한다. ☐○☐✕

064 현행 행정소송법은 취소소송 중심주의를 취하고 있다. ☐○☐✕

065 무효등확인소송, 당사자소송, 부작위위법확인소송에는 사정판결이 인정되지 않는다. ☐○☐✕

066 행정소송법상 취소소송에 관한 규정 중 행정심판전치주의, 제소기간, 간접강제, 사정판결은 무효등확인소송에 준용되지 않는다. ☐○☐✕

067 행정처분에 내한 무효확인청구와 취소청구는 선택적 청구로서의 병합은 허용된다. ☐○☐✕

068 관련청구소송을 취소소송에 병합한 경우, 법원은 취소소송이 부적법하더라도 관련청구소송에 대하여 본안판결을 내릴 수 있다. ☐○☐✕

069 행정소송법 제16조에 따른 소송참가가 허용되지 않는 제3자라 하더라도 민사소송법에 따라 공동소송적 보조참가를 할 수 있다. ☐○☐✕

070 취소소송은 처분 등의 취소를 구할 정당한 이익이 있는 자가 제기할 수 있다. ☐○☐✕

071 처분의 효과가 기간의 경과로 인하여 소멸된 뒤에도 그 처분의 취소로 인하여 회복되는 법률상 이익이 있는 자의 경우에는 취소소송을 제기할 수 있다. ☐○☐✕

072 처분 등을 취소하는 확정판결은 당사자 간에 효력이 있고, 제3자에 대하여는 효력이 미치지 아니한다. ☐○☐✕

073 제약회사는 보건복지부 고시인 '약제급여·비급여 목록 및 급여 상한금액표' 중 그 제약회사가 제조·공급하는 약제의 상한금액 인하 부분의 취소를 구할 원고적격이 있다. ☐○☐✕

074 지방법무사회가 법무사의 사무원 채용승인 신청을 거부한 경우 채용승인을 신청한 법무사가 아닌 자는 취소소송을 제기하지 못한다. ☐O☐X

075 기존의 시외버스운송사업자인 甲회사는 동일노선을 운행하는 乙회사에 대한 시외버스운송 사업계획변경인가 처분으로 인하여 甲회사의 수익감소가 예상되는 경우라도 그 처분의 취소를 구할 법률상의 이익이 없다. ☐O☐X

076 주택법상 입주자는 건축물의 하자를 이유로 그 건축물에 대한 사용검사처분의 취소를 구할 법률상 이익이 있다. ☐O☐X

077 취소소송은 다른 법률에 특별한 규정이 없는 한 국가·공공단체 그 밖의 권리주체를 피고로 한다. ☐O☐X

078 처분이 있은 뒤에 그 처분에 관계되는 권한이 다른 행정청에 승계된 때에는 이를 승계한 행정 청을 피고로 한다. ☐O☐X

079 처분 등을 할 정당한 권한을 가진 행정청만이 피고적격을 갖는다. ☐O☐X

080 공정거래위원회의 처분에 대한 항고소송의 피고는 공정거래위원회가 된다. ☐O☐X

081 조례에 대한 무효확인소송의 경우 해당 지방의회의 의장이 피고가 된다. ☐O☐X

082 교육에 관한 조례의 무효확인소송을 제기함에 있어서는 그 조례의 공포권이 있는 시·도 교육 감을 피고로 하여야 한다. ☐O☐X

083 국가기관은 취소소송의 당사자가 될 수 있다. ☐O☐X

084 원고가 피고를 잘못 지정한 때에는 법원은 원고의 신청에 의하여 결정으로써 피고의 경정을 허가할 수 있다. ☐O☐X

085 소의 종류의 변경 시에도 피고의 경정이 인정된다. ☐O☐X

086 고시가 다른 집행행위의 매개 없이 그 자체로서 직접 국민의 구체적인 권리의무나 법률 관계를 규율하는 성격을 가질 때에는 항고소송의 대상이 되는 행정처분에 해당한다. ☐O☐X

087 지방자치단체장이 국유 일반재산을 대부하여 달라는 신청을 거부한 것은 행정처분이 아니므로 항고소송으로 그 취소를 구할 수 없다. ☐O ☐X

088 행정규칙에 의한 불문경고조치는 항고소송의 대상이 되는 행정처분에 해당하지 아니한다. ☐O ☐X

089 거부처분이 성립되려면 신청인에게 그 행위발동을 요구할 법규상 또는 조리상 신청권이 있어야 한다. ☐O ☐X

090 일반적·추상적인 법령이나 규칙은 항고소송의 대상이 될 수 없다. ☐O ☐X

091 법원은 필요하다고 인정할 때에는 직권으로 증거조사를 할 수 있고, 당사자가 주장하지 아니한 사실에 대하여도 판단할 수 있다. ☐O ☐X

092 행정소송의 심리에 있어서 직권탐지주의가 원칙이고, 당사자주의·변론주의는 보충적으로 적용된다. ☐O ☐X

093 집행정지는 공공복리에 중대한 영향을 미칠 우려가 있을 때에도 허용된다. ☐O ☐X

094 취소소송의 제기는 처분 등의 효력이나 그 집행 또는 절차의 속행에 영향을 준다. ☐O ☐X

095 처분의 효력정지는 처분 등의 집행 또는 절차의 속행을 정지함으로써 목적을 달성할 수 있는 경우에는 허용되지 않는다. ☐O ☐X

096 긴급한 필요가 있다고 인정할 때에는 본안이 계속되고 있는 법원은 직권에 의하여 처분 등의 효력의 전부 또는 일부의 정지를 결정할 수 없다. ☐O ☐X

097 행정심판법에서 인정되는 임시처분제도가 행정소송법에는 없다. ☐O ☐X

098 집행정지신청이 인용되려면 취소소송이 제기된 경우에 처분 등이나 그 집행 또는 절차의 속행으로 인하여 생길 중대한 손해를 예방하기 위한 경우이어야 한다. ☐O ☐X

099 집행정지의 결정을 신청함에 있어서는 그 이유에 대한 소명이 있어야 한다. ☐O ☐X

100 거부처분에 대하여는 행정소송법상 집행정지를 구할 이익이 있어 집행정지가 허용된다. ○ ✕

101 처분이 가분적이더라도 처분의 일부에 대한 집행정지는 허용되지 않는다. ○ ✕

102 집행정지의 결정에 대한 즉시항고에는 결정의 집행을 정지하는 효력이 인정된다. ○ ✕

103 취소소송에서는 민사집행법상의 가처분이 인정되지 않는다. ○ ✕

104 취소소송상 집행정지의 신청은 적법한 본안소송이 계속 중일 것을 요한다. ○ ✕

105 거부처분의 취소판결의 취지에 따라 행정청이 처분을 하지 않는 경우, 당사자는 수소법원에 직접강제를 신청할 수 있다. ○ ✕

106 거부처분 취소소송을 제기하여 인용판결이 상고심에서 확정되었음에도 처분청이 아무런 조치를 취하지 아니하면 상고심 법원은 당사자의 신청에 의해 간접강제결정을 할 수 있다. ○ ✕

107 처분이 위법한 것으로 인정되는 경우에도 공공복리를 위하여 원고의 청구가 기각될 수 있다. ○ ✕

108 사정판결시 법원은 그 판결의 주문에서 그 처분 등이 위법함을 명시하여야 한다. ○ ✕

109 당사자의 주장이 없더라도 법원은 직권으로 사정판결을 할 수 있다. ○ ✕

110 사정판결이 있으면 취소소송의 대상인 처분은 당해 처분이 위법함에도 그 효력이 유지된다. ○ ✕

111 사정판결은 기각판결이므로 소송비용은 원고가 부담한다. ○ ✕

112 과세처분취소소송에서 적법하게 부과될 정당한 세액이 산출되더라도 법원은 정당한 세액을 초과하는 부분만 취소할 수는 없고 전부를 취소하여야 한다. ○ ✕

113 처분 등을 취소하는 확정판결은 당사자에 대해서만 효력이 있다. ○ ✕

114 도로점용허가 신청에 대하여 처분청이 거부처분을 하였으나, 거부처분 취소소송을 제기하여 인용판결이 확정되었다면 처분청은 도로점용허가를 발령하여야 한다. ☐O☐X

115 무효등확인소송은 처분 등의 효력 유무 또는 존재 여부의 확인을 구할 법률상 이익이 있는 자가 제기할 수 있다. ☐O☐X

116 무효인 처분에 대하여는 무효확인청구소송을 제기하여야 하고 취소소송을 제기할 수는 없다. ☐O☐X

117 행정처분의 무효확인을 구하는 소에는 특단의 사정이 없는 한 취소를 구하는 취지도 포함되어 있다. ☐O☐X

118 무효선언적 의미의 취소소송을 제기한 경우에는 취소소송의 소송요건을 준수하여야 한다. ☐O☐X

119 행정행위에 대한 무효확인소송에서도 제소기간을 준수하여야 한다. ☐O☐X

120 행정심판의 필요적 전치주의가 적용되는 경우 무효확인소송을 제기하려면 무효확인심판의 재결을 거쳐야 한다. ☐O☐X

121 당연무효를 선언하는 의미에서의 취소소송을 제기할 때에는 취소소송의 제소기간을 준수해야 한다. ☐O☐X

122 사업양수에 따른 지위승계신고에 대한 허가관청의 수리에 대하여, 사업의 양도행위가 무효라고 주장하는 양도자는 민사소송으로 양도행위의 무효를 구함이 없이 곧바로 행정소송으로 위 신고수리처분의 무효확인을 구할 법률상 이익이 있다. ☐O☐X

123 무효확인소송에서 처분의 무효사유에 대한 주장·입증책임은 피고인 행정청이 부담한다. ☐O☐X

124 행정소송법상 집행정지와 사정판결은 부작위위법확인소송에는 인정되지 않는다. ☐O☐X

행정법각론

01 행정조직법

1. 행정조직법정주의

> **정부조직법**
>
> **제2조【중앙행정기관의 설치와 조직 등】** ① 중앙행정기관의 설치와 직무범위는 법률로 정한다.
>
> **제5조【합의제행정기관의 설치】** 행정기관에는 그 소관사무의 일부를 독립하여 수행할 필요가 있는 때에는 법률로 정하는 바에 따라 행정위원회 등 합의제행정기관을 둘 수 있다.
>
> **제7조【행정기관의 장의 직무권한】** ⑤ 부·처의 장은 그 소관사무의 효율적 추진을 위하여 필요한 경우에는 국무총리에게 소관사무와 관련되는 다른 행정기관의 사무에 대한 조정을 요청할 수 있다.
>
> **제9조【예산조치와의 병행】** 행정기관 또는 소속기관을 설치하거나 공무원의 정원을 증원할 때에는 반드시 예산상의 조치가 병행되어야 한다.
>
> **지방자치법 제129조【합의제행정기관】** ① 지방자치단체는 소관 사무의 일부를 독립하여 수행할 필요가 있으면 법령이나 그 지방자치단체의 조례로 정하는 바에 따라 합의제행정기관을 설치할 수 있다.

2. 권한의 대리

(1) **임의대리**

피대리관청의 대리권 부여라는 수권행위에 의해 발생하는 대리행위이다. 대리는 권한의 이전을 가져오는 것은 아니므로 권한의 위임과는 달리 반드시 법적 근거를 요하는 것은 아니다. 한편, 복대리는 원칙적으로 허용되지 않는다.

(2) **법정대리**

협의의 법정대리(법령의 규정에 의하여 일정한 사실이 발생하면 당연히 성립)와 지정대리(법정사실의 발생시에 일정한 자가 대리자를 지정함으로써 대리관계가 발생)가 있다. 협의의 법정대리와 지정대리 모두 피대리관청의 권한의 전부에 미친다.

3. 권한의 위임

(1) 권한의 위임은 반드시 법적 근거를 요한다.

(2) 행정관청의 권한의 위임은 위임청의 권한의 일부에 대해서만 인정된다. 권한의 전부를 위임하거나 본질적인 부분을 위임하는 것은 허용되지 않는다.

(3) 법령에 정한 바에 따라 수임사무의 일부를 재위임할 수 있다. 또한 기관위임사무의 경우도 위임기관 장의 승인을 얻어 지방자치단체장이 제정한 규칙으로 재위임할 수 있다.

(4) 권한이 위임된 경우에는 위임기관 및 위탁기관은 당해 위임사항을 처리할 수 있는 권한을 잃게 되고, 그 사항은 수임기관의 권한으로 된다. 따라서 위임기관 및 위탁기관은 수임 및 수탁사무 처리에 있어서 수임기관 및 수탁기관에 대하여 사전승인을 받거나 협의할 것을 요구할 수 없다. 또한 위임기관 및 위탁기관은 수임기관 및 수탁기관의 수임 및 수탁처리사무에 대하여 지휘·감독하고, 그 처리가 위법 또는 부당하다고 인정되는 때에는 이를 취소하거나 정지시킬 수 있다.

4. 내부위임

(1) 내부위임은 내부적인 사무처리의 편의를 위한 것으로 보조기관 또는 하급기관에 의하여 위임자의 명의로 수임자가 위임자의 권한을 행사하는 것을 말한다.

(2) 내부위임은 권한의 위임과 달리 법적 근거를 요하지 않는다.

(3) 내부위임의 경우에는 수임관청이 자기의 이름으로 그 권한을 행사하였다면 그 하자는 원칙적으로 무효사유에 해당한다.

5. 대등관청 상호 간의 관계 – 협의·동의

(1) 주행정청은 관계행정청과 협의하여 의사를 결정한다. 이때 관계행정청의 협의 의견은 주행정청의 의사결정을 구속하지 않는다.

(2) 모든 행정청이 주된 지위(주행정청)에 해당하는 경우, 의사결정을 하기 위해서는 모든 행정청의 동의가 필요하다. 이때, 동의 의견은 행정청의 의사결정을 구속한다.

02 공무원법

1. 공무원의 종류

경력직 공무원	일반직	기술·연구·행정 등의 일반 업무를 담당하는 공무원
	특정직	법관, 검사, 외무공무원, 경찰공무원, 소방공무원, 교육공무원, 군인, 군무원, 헌법재판소 헌법연구관, 국가정보원의 직원, 경호공무원과 특수 분야의 업무를 담당하는 공무원
특수경력직 공무원	정무직	선거로 취임하거나 임명할 때 국회의 동의가 필요한 공무원
	별정직	비서관·비서 등 보좌업무 등을 수행하거나 특정한 업무 수행을 위하여 법령에서 별정직으로 지정하는 공무원

2. 임명

(1) 임명의 요건

결격사유자에 대한 공무원의 임용행위는 당연무효이며, 임용결격자가 공무원으로 임용되어 사실상 근무하였다 하더라도 공무원연금법이나 근로기준법 소정의 퇴직금청구를 할 수 없다. 임용결격사유 여부는 임용 당시에 시행되는 법률을 기준으로 판단한다. 이때 성적요건이 결여된 자에 대한 임용은 취소할 수 있는 행위로 본다.

(2) 임명의 효력발생시기

공무원은 임용장 또는 임용통지서에 기재된 날짜에 임용된 것으로 본다.

3. 직위해제

(1) 직위해제는 잠정적인 조치로서 징벌적 제재로서의 징계와는 성질이 다르다.

(2) 임용권자는 징계위원회의 동의를 얻어 직위해제로 대기명령을 받은 자를 직권면직할 수 있다. 직위해제처분과 직권면직 사이의 하자의 승계는 부정된다.

(3) 직위해제 중인 자에 대해 동일한 사유로 직권면직이나 징계처분을 하여도 이중처벌에 해당하는 것이 아니다. 또한 직위해제 중인 자에 대해 파면처분이 있으면 직위해제처분은 효력을 상실한다.

4. 공무원의 징계

(1) 징계의 사유

① 공무원의 고의 또는 과실의 유무와 관계없이 징계할 수 있으며, 또한 감독자도 감독의무의 책임을 진다. 이때 형벌과 징계벌이 병과되어도 이중처벌에 해당하지 않는다.

② 공무원에게 징계사유가 있어 징계처분을 하는 경우, 어떠한 처분을 할 것인지는 징계권자의 재량사항에 속한다.

(2) 징계의 종류

① **파면**: 공무원의 신분을 박탈하는 것으로 공직에의 취임 제한(5년), 공무원연금법상 연금의 제한이 있다.

② **해임**: 공무원의 신분을 박탈하는 것으로 공직에의 취임 제한(3년)이 있다(연금제한은 없다).

③ **강등**: 직급을 1계급 아래로 내린다. 공무원신분은 보유하나 3개월간 직무에 종사하지 못하며 그 기간 중 보수는 전액을 감한다.

④ **정직**: 1개월 이상 3개월 이하의 기간으로 하고, 정직처분을 받은 자는 그 기간 중 공무원의 신분은 보유하나 직무에 종사하지 못하며 보수는 전액을 감한다.

⑤ **감봉**: 1개월 이상 3개월 이하의 기간 동안 보수의 3분의 1을 감한다.

⑥ **견책**: 전과에 대하여 훈계하고 회개한다.

(3) 징계의결의 요구

징계사유가 있는 때에는 징계권자는 반드시 징계위원회에 징계의결의 요구를 하여야 한다. 이때 징계의결의 요구는 징계사유가 발생한 날로부터 3년(금품·향응의 수수 또는 공금의 횡령·유용의 경우는 5년)이 경과되면 하지 못한다.

5. 불복(행정소송)

(1) 소청전치주의

소청심사위원회의 심사·결정을 거치지 아니하면 행정소송을 제기할 수 없다.

(2) 항고소송의 대상

소청심사위원회의 결정에 불복하여 행정소송을 제기하는 경우 원래의 징계처분(소청결정 ×)을 대상으로 한다.

⑶ 교육공무원의 경우

① 교육공무원의 경우 교원소청심사위원회의 소청결정을 거쳐 행정소송을 제기한다. 행정소송(항고소송)의 대상은 일반공무원의 경우와 동일하다.
② 사립학교 교원이 교원소청심사위원회의 결정에 불복하는 경우 교원소청심사위원회를 피고로 하여 소청결정을 대상으로 항고소송을 제기할 수 있으며, 이 외에도 학교법인을 피고로 징계를 다투는 민사소송을 제기할 수 있다.

03 공물

1. 공물의 종류

행정목적	공공용물	일반공중의 공동사용을 위해 제공된 물건(도로, 공원, 하천 등)
	공용물	행정주체가 직접 사용하기 위해 제공된 물건(행정기관의 청사, 관공서의 각종 비품)
	보존공물	공적 목적을 위해 보존을 목적으로 하는 물건(문화재)
성립과정	인공공물	도로, 공원
	자연공물	하천, 해변, 갯벌
소유권 귀속	국유공물	국가가 소유권자
	공유공물	지방자치단체가 소유권자
	사유공물	사인이 소유권자
주체	자유공물	관리주체와 소유주체가 일치
	타유공물	관리주체와 소유주체가 불일치
물건의 성질	부동산공물	행정기관의 청사
	동산공물	관공서의 각종 비품, 경찰견

국유재산법

제2조【정의】 이 법에서 사용하는 용어의 뜻은 다음과 같다.

1. "국유재산"이란 국가의 부담, 기부채납이나 법령 또는 조약에 따라 국가 소유로 된 제5조 제1항 각 호의 재산을 말한다.
2. "기부채납"이란 국가 외의 자가 제5조 제1항 각 호에 해당하는 재산의 소유권을 무상으로 국가에 이전하여 국가가 이를 취득하는 것을 말한다.
3. "관리"란 국유재산의 취득·운용과 유지·보존을 위한 모든 행위를 말한다.
4. "처분"이란 매각, 교환, 양여, 신탁, 현물출자 등의 방법으로 국유재산의 소유권이 국가 외의 자에게 이전되는 것을 말한다.
5. "관리전환"이란 일반회계와 특별회계·기금 간 또는 서로 다른 특별회계·기금 간에 국유재산의 관리권을 넘기는 것을 말한다.
6. "정부출자기업체"란 정부가 출자하였거나 출자할 기업체로서 대통령령으로 정하는 기업체를 말한다.
7. "사용허가"란 행정재산을 국가 외의 자가 일정 기간 유상이나 무상으로 사용·수익할 수 있도록 허용하는 것을 말한다.
8. "대부계약"이란 일반재산을 국가 외의 자가 일정 기간 유상이나 무상으로 사용·수익할 수 있도록 체결하는 계약을 말한다.
9. "변상금"이란 사용허가나 대부계약 없이 국유재산을 사용·수익하거나 점유한 자(사용허가나 대부계약 기간이 끝난 후 다시 사용허가나 대부계약 없이 국유재산을 계속 사용·수익하거나 점유한 자를 포함한다. 이하 "무단점유자"라 한다)에게 부과하는 금액을 말한다.
10. "총괄청"이란 기획재정부장관을 말한다.
11. "중앙관서의 장등"이란 「국가재정법」 제6조에 따른 중앙관서의 장(이하 "중앙관서의 장"이라 한다)과 제42조 제1항에 따라 일반재산의 관리·처분에 관한 사무를 위임·위탁받은 자를 말한다.

제6조【국유재산의 구분과 종류】 ① 국유재산은 그 용도에 따라 행정재산과 일반재산으로 구분한다.
② 행정재산의 종류는 다음 각 호와 같다.

1. 공용재산: 국가가 직접 사무용·사업용 또는 공무원의 주거용(직무 수행을 위하여 필요한 경우로서 대통령령으로 정하는 경우로 한정한다)으로 사용하거나 대통령령으로 정하는 기한까지 사용하기로 결정한 재산
2. 공공용재산: 국가가 직접 공공용으로 사용하거나 대통령령으로 정하는 기한까지 사용하기로 결정한 재산
3. 기업용재산: 정부기업이 직접 사무용·사업용 또는 그 기업에 종사하는 직원의 주거용(직무 수행을 위하여 필요한 경우로서 대통령령으로 정하는 경우로 한정한다)으로 사용하거나 대통령령으로 정하는 기한까지 사용하기로 결정한 재산
4. 보존용재산: 법령이나 그 밖의 필요에 따라 국가가 보존하는 재산

③ "일반재산"이란 행정재산 외의 모든 국유재산을 말한다.

2. 공물의 소멸

공물의 형태적 요소가 소멸되었거나 공물로서의 지위를 상실하였다는 권한 있는 행정기관의 의사표시인 공용폐지에 의해 이루어진다. 공용폐지행위는 반드시 명시적인 의사표시에 의해 이루어지는 것은 아니고, 묵시적으로도 가능하다.

3. 공물의 특징

(1) 사권행사의 제한(불융통성)

행정재산은 법률에 의해 사법상의 거래대상에서 제외된다. 행정재산의 사법상 거래는 무효이다.

(2) 취득시효의 제한

> **국유재산법 제7조【국유재산의 보호】** ① 누구든지 이 법 또는 다른 법률에서 정하는 절차와 방법에 따르지 아니하고는 국유재산을 사용하거나 수익하지 못한다.
> ② 행정재산은 「민법」 제245조에도 불구하고 시효취득의 대상이 되지 아니한다.

4. 공물의 사용

(1) 행정재산이라도 그 용도와 목적에 장애가 되지 아니하는 범위 안에서 그 사용 또는 수익을 허가할 수 있다. 행정재산의 목적 외 사용·수익에 대한 허가는 강학상 특허로서 공법관계에 해당한다.

(2) 특허에 의한 공물사용권은 공법상 채권에 해당한다.

5. 변상금 부과처분

중앙관서의 장은 무단점유자에게 사용료나 대부료의 100분의 120에 상당하는 변상금을 부과한다. 국유재산법에 의하여 국유재산의 무단점유자에게 변상금을 부과하는 것은 행정주체의 재량이 허용되지 않는 기속행위이다. 이때 국유재산의 무단점유자에 대하여 변상금 부과·징수권의 행사와 별도로 민사상 부당이득반환청구의 소를 제기할 수 있다.

◆ 빠른 정답 찾기 p.160
◆ 정답 및 해설 p.189

001 행정기관 또는 소속기관을 설치하거나 공무원의 정원을 증원할 때에는 반드시 예산상의 조치가 병행되어야 한다. ○×

002 헌법은 행정각부의 설치·조직과 직무범위는 법률로 정한다고 규정하고 있다. ○×

003 중앙행정기관의 설치와 직무범위는 법률로 정한다. ○×

004 행정권한의 위임은 법률에 규정된 행정기관의 장의 권한 중 일부를 그 보조기관 또는 하급행정기관의 장이나 지방자치단체의 장에게 맡겨 그의 권한과 책임 아래 행사하도록 하는 것이다. ○×

005 행정권한의 내부위임은 법률이 위임을 허용하고 있지 아니한 경우에도 행정관청의 내부적인 사무처리의 편의를 도모하기 위하여 그의 보조기관 또는 하급행정관청으로 하여금 그의 권한을 사실상 행사하게 하는 것이다. ○×

006 행정권한의 위임은 권한의 법적인 귀속을 변경하는 것이므로 법률이 위임을 허용하고 있는 경우에 한하여 인정된다. ○×

007 행정기관은 법령으로 정하는 바에 따라 그 소관사무의 일부를 하급행정기관에 위임할 수 있다. ○×

008 행정권한의 내부위임은 법률이 위임을 허용하고 있는 경우에 한하여 인정된다. ○×

009 권한의 위임은 위임청의 권한의 일부에 한하여 인정된다. ○×

010 권한이 위임된 경우 수임기관이 위임기관의 명의로 권한을 행사한다. ○×

011 내부위임의 경우 수임기관이 자신의 명의로 처분을 하였다면, 위임기관이 항고소송의 피고가 된다. ○×

012 내부위임의 경우 수임기관이 자신의 명의로 처분을 하였다면, 그 처분의 하자는 원칙적으로 취소사유에 해당한다. ☐○☐✕

013 행정권한의 위임 및 위탁에 관한 규정에 따르면 수임사무의 처리에 관하여 위임기관은 수임 기관에 대하여 사전승인을 받을 것을 요구할 수 없다. ☐○☐✕

014 보조기관에게 권한을 위임하는 경우 위임기관은 수임기관의 수임사무 처리에 대하여 지휘·감독하고, 그 처리가 위법하거나 부당하다고 인정될 때에는 이를 취소하거나 정지시킬 수 있다. ☐○☐✕

015 권한을 위임받은 기관은 특히 필요한 경우에는 법령으로 정하는 바에 따라 위임받은 사무의 일부를 하급행정기관에게 재위임할 수 있다. ☐○☐✕

016 권한의 위임은 권한 자체가 수임자에게 이전된다는 점에서 권한 자체를 이전하지 않는 권한의 대리와 구별된다. ☐○☐✕

017 내부위임의 경우 수임관청은 위임관청의 이름으로만 그 권한을 행사할 수 있다는 점에서 권한의 위임과 구별된다. ☐○☐✕

018 권한의 위임이 있는 경우에는 처분의 명의자가 수임기관으로 되어 있다 하더라도 그 처분에 대한 취소소송의 피고는 위임기관이 된다. ☐○☐✕

019 소속 하급행정청에 대한 위임은 위임청의 일방적 위임행위에 의하여 성립하고, 수임기관의 동의를 요하지 않는다. ☐○☐✕

020 국가사무가 지방자치단체의 장에게 위임된 기관위임사무는 원칙적으로 자치조례의 제정범위에 속하지 않는다. ☐○☐✕

021 도지사는 조례에 의해서도 그 권한에 속하는 자치사무의 일부를 소속 행정기관에 위임할 수 있다. ☐○☐✕

022 국가사무가 도지사에게 기관위임된 경우 도지사가 이를 군수에게 재위임하기 위해서는 조례에 의하여야 한다. ☐○☐✕

023 법령상 규칙으로 행정권한을 위임해야 함에도 조례에 의한 위임에 따라 행해진 수임기관의 처분은 당연무효이다. ☐O☐X

024 공법인의 경우도 사경제 주체로서 활동하는 경우에는 기본권의 주체가 될 수 있다. ☐O☐X

025 임의대리에서 대리관청이 대리관계를 밝히고 처분을 한 경우 피대리관청이 처분청으로서 항고소송의 피고가 된다. ☐O☐X

026 법정대리는 특별한 규정이 없는 한 피대리관청의 권한 전부에 미친다. ☐O☐X

027 지정대리란 법정사실이 발생하면 법상 당연히 특정한 자에게 대리권이 부여되어 대리관계가 성립하는 것을 말한다. ☐O☐X

028 행정기관에는 그 소관사무의 일부를 독립하여 수행할 필요가 있는 때에는 법률로 정하는 바에 따라 행정위원회 등 합의제행정기관을 둘 수 있다. ☐O☐X

029 지방자치단체는 그 소관사무의 일부를 독립하여 수행할 필요가 있으면 법령이나 그 지방자치단체의 조례로 정하는 바에 따라 합의제행정기관을 설치할 수 있다. ☐O☐X

030 소청심사위원회는 심사·결정권과 함께 대외적 표시권한을 갖는 행정청이다. ☐O☐X

031 중앙노동위원회의 처분에 대한 항고소송의 피고는 중앙노동위원회가 된다. ☐O☐X

032 지방자치단체는 그 소관 사무의 범위에서 조례로 위원회 등의 자문기관을 설치·운영할 수 있다. ☐O☐X

033 심의기관의 결정에는 특별한 규정이 없는 한 법적 구속력이 없다. ☐O☐X

034 의결권만을 갖는 의결기관인 위원회는 결정된 의사의 대외적 표시권한을 갖지 못한다. ☐O☐X

035 징계위원회 같은 의결기관으로서의 위원회는 의결권은 물론이고 정해진 의사를 대외적으로 표시할 권한을 갖는다. ☐O☐X

036 행정기관은 법령으로 정하는 바에 따라 그 소관사무 중 조사·검사·검정·관리 업무 등 국민의 권리·의무와 직접 관계되지 아니하는 사무를 지방자치단체가 아닌 단체 또는 개인에게 위탁할 수 있다. ○|×

037 부·처의 장은 그 소관사무의 효율적 추진을 위하여 필요한 경우에는 국무총리에게 소관사무와 관련되는 다른 행정기관의 사무에 대한 조정을 요청할 수 있다. ○|×

038 행정각부의 장관과 지방자치단체의 장은 행정청에 해당한다. ○|×

039 보조기관도 행정청으로부터 위임된 권한을 행사하는 경우에는 그 한도에서 행정청의 지위를 가진다. ○|×

040 각종 징계위원회나 지방의회와 같은 부속기관의 설치에는 법령의 근거를 요하지 않는다. ○|×

041 행정기관의 장은 소관사무를 통할하고 소속 공무원을 지휘·감독한다. ○|×

042 훈령이란 상급관청이 하급관청의 권한행사를 지휘하기 위해 발하는 명령이다. ○|×

043 공무원이 대외적 구속력이 없는 훈령에 위반한 경우에도 위법은 아니며 징계책임이 부과될 수 있을 뿐이다. ○|×

044 하급행정관청의 권한행사에 대한 상급행정관청의 내부적인 승인·인가는 행정처분이 아니다. ○|×

045 '동의'를 의미하는 관계기관의 '협의' 의견은 주무관청을 구속하지 않는다. ○|×

046 상급관청의 하급관청에 대한 감시권에는 개별적인 법령상 근거를 요한다. ○|×

047 지방자치단체의 장은 관할 구역과 생활권과의 불일치 등으로 인하여 주민생활에 불편이 큰 경우 등 대통령령으로 정하는 사유가 있는 경우에는 행정안전부장관에게 경계변경이 필요한 지역 등을 명시하여 경계변경에 대한 조정을 신청할 수 있다. 이 경우 지방자치단체의 장은 지방의회 재적의원 과반수의 출석과 출석의원 3분의 2 이상의 동의를 받아야 한다. ○|×

048 자치사무에 대한 국가의 감독은 적법성 통제에 그친다. ☐◯☐✕

049 조례안으로 지방자치단체 사무의 민간위탁에 관하여 지방의회의 사전 동의를 받도록 하는 것은 위법하지 않다. ☐◯☐✕

050 지방자치단체장이 동일 수탁자에게 위탁사무를 재위탁하고자 할 때 지방의회의 동의를 받도록 한 조례안은 지방자치단체장의 집행권한을 본질적으로 침해하는 것으로 볼 수 없다. ☐◯☐✕

051 자치사무에 있어서 시·도와 시·군·자치구의 사무가 경합하는 경우 시·군·자치구가 먼저 처리한다. ☐◯☐✕

052 호적사무는 사법적(司法的) 성격이 강한 국가의 사무이다. ☐◯☐✕

053 개별법령에서 조례로 정하도록 위임한 경우 기관위임사무에 대해서도 조례를 정할 수 있다. ☐◯☐✕

054 법령이 기관위임사무에 대해 조례에 위임하는 경우 포괄적 위임도 가능하다. ☐◯☐✕

055 주무부장관이 국가사무를 지방자치단체장에게 위임한 경우, 주무부장관은 기관위임사무의 처리가 위법한 경우에 한하여 지방자치단체의 장을 감독할 수 있다. ☐◯☐✕

056 지방자치단체의 장이 기관위임사무를 처리하면서 불법행위를 하여 국가배상책임이 성립하는 경우 지방자치단체도 배상책임이 있다. ☐◯☐✕

057 주무부장관이 국가사무를 지방자치단체장에게 위임한 경우, 주무부장관이 그 사무의 해태를 이유로 직무이행명령을 발한 경우 지방자치단체의 장은 이에 대해 대법원에 제소할 수 없다. ☐◯☐✕

058 감사청구한 주민이라면 1인이라도 지방자치법상 주민소송을 제기할 수 있다. ☐◯☐✕

059 주민소환제는 지방자치의 본질적인 내용이라 할 수 없다. ☐◯☐✕

060 주민투표권은 헌법이 보장하는 참정권이라 할 수 없다. ○×

061 주민이 지방의회 본회의의 안건 심의 중 방청인으로서 안건에 관하여 발언하는 것은 선거제도를 통한 대표제 원리에 위반되지 않는다. ○×

062 조례의 제정청구권은 지방자치단체의 주민의 권리에 해당하지 않는다. ○×

063 비례대표 지방의회의원은 주민소환의 대상자가 된다. ○×

064 주민소환에 관한 법률은 주민소환사유를 제한하고 있지 않다. ○×

065 감사청구를 하지 않은 주민도 주민소송의 원고가 될 수 있다. ○×

066 주민소송과 관련한 세부사항은 주민소송법에서 별도로 정하고 있다. ○×

067 주민투표권은 헌법이 보장하는 기본권 또는 헌법상 제도적으로 보장되는 주관적 공권이다. ○×

068 주민소환에 관한 법률에 따르면 전체 주민소환투표자의 수가 주민소환투표권자 총수의 3분의 1에 미달하는 때에는 개표를 하지 않는다. ○×

069 부담금의 부과·징수 또는 감면에 관한 사항은 조례의 개폐청구의 대상이 아니다. ○×

070 주민이라 하더라도 공공시설의 설치를 반대하는 사항에 대해서는 조례제정을 청구할 수 없다. ○×

071 주민의 감사청구와는 달리 주민소송은 지방자치법상 인정되고 있지 않다. ○×

072 주민소송은 감사청구전치주의를 취하고 있다. ○×

073 주민소송은 행정소송법상 민중소송에 해당한다. ○×

074 법인 등 단체는 주민소송을 제기할 당사자적격이 없다. ○×

075 주민소송의 피고는 비위를 저지른 공무원이다. ○✕

076 지방의회의원에게 손해배상청구를 할 것을 요구하는 주민소송은 인정되지 않는다. ○✕

077 공금의 부과·징수 업무를 게을리한 사실의 위법 확인을 요구하는 주민소송은 인정된다. ○✕

078 행정처분인 해당 행위의 취소를 요구하는 주민소송은 인정된다. ○✕

079 주민소송의 대상이 되는 위법한 행위나 해태사실은 감사청구한 사항과 동일할 필요는 없고 관련성이 있으면 된다. ○✕

080 해당 행위를 계속하면 회복하기 곤란한 손해가 발생할 우려가 있는 경우에 그 행위의 전부나 일부를 중지할 것을 요구하는 소송을 주민소송으로 제기할 수 있다. ○✕

081 소송의 계속 중에 소송을 제기한 주민이 사망하면 소송절차는 중단된다. ○✕

082 주민소송이 진행 중이라도 다른 주민은 같은 사항에 대하여 별도의 소송을 제기할 수 있다. ○✕

083 지방의회는 지방자치단체의 구성 부분으로 헌법이 인정하는 기관이다. ○✕

084 지방의회는 그 의결로 소속 지방의회의원의 사직을 허가할 수 있다. 다만, 폐회 중에는 사직할 수 없다. ○✕

085 지방의회의 회의는 공개가 원칙이지만 의원 3명 이상의 발의로 출석의원 3분의 2 이상이 찬성한 경우에는 공개하지 않을 수 있다. ○✕

086 체포 또는 구금된 지방의회의원이 있으면 관계 수사기관의 장은 지체 없이 해당 의장에게 영장의 사본을 첨부하여 그 사실을 알려야 한다. ○✕

087 지방의회는 그 지방자치단체의 사무에 대하여 행정사무감사권 및 조사권을 갖는다. ○✕

088 제주특별자치도와 세종특별자치시는 지방자치법상 특별지방자치단체에 해당한다. ☐O☐X

089 외국인도 지방자치단체의 주민의 지위를 가질 수 있다. ☐O☐X

090 이행강제금의 부과 · 징수를 게을리한 행위는 주민소송의 대상이 되는 공금의 부과 · 징수를 게을리한 행위에 해당한다. ☐O☐X

091 지방의회는 집행기관의 고유권한에 속하는 사항의 행사에 관하여 견제의 범위 내에서 소극적 · 사후적으로 개입할 수 있을 뿐만 아니라 사전에 적극적으로 개입할 수 있다. ☐O☐X

092 지방의회는 자치사무에 관하여 법률에 특별한 규정이 없는 한 조례로써 위와 같은 지방자치 단체장의 고유권한을 침해하지 않는 범위 내에서 조례를 제정할 수 있다. ☐O☐X

093 지방의회는 지방자치단체 및 그 장이 위임받아 처리하는 국가사무와 시 · 도의 사무에 대하여 국회와 시 · 도 의회가 직접 감사하기로 한 사무도 감사할 수 있다. ☐O☐X

094 주민의 권리제한 또는 의무부과에 관한 사항이나 벌칙을 조례로 정할 때에는 법률의 위임이 있어야 한다. ☐O☐X

095 지방자치단체의 장은 조례안에 대하여 이의가 있는 경우 조례안의 일부에 대하여 또는 조례 안을 수정하여 지방의회에 재의를 요구할 수 있다. ☐O☐X

096 조례는 특별한 규정이 없으면 공포한 날부터 20일이 지나면 효력을 발생한다. ☐O☐X

097 공무원임용결격사유가 있는지의 여부는 임용 당시가 아닌 채용후보자 명부에 등록한 때에 시행되던 법률을 기준으로 하여 판단하여야 한다. ☐O☐X

098 공무원은 임용장이나 임용통지서에 적힌 날짜에 임용된 것으로 본다. ☐O☐X

099 임용 당시 공무원임용결격사유가 있었다면 비록 국가의 과실에 의하여 임용결격자임을 밝혀 내지 못하였다 하더라도 그 임용행위는 당연무효이다. ☐O☐X

100 시험승진후보자명부에서의 삭제행위는 행정처분이다. ☐O☐X

101 직위해제는 징계처분에 해당한다. ○ ×

102 공무원의 신분과 지위의 특수성상 공무원에 대해서는 일반 국민에 비해 보다 넓고 강한 기본권 제한이 가능하다. ○ ×

103 공무원이 그 직무를 수행함에 있어 소속 상관의 명백한 위법 내지 불법한 명령에 따라야 할 의무는 없다. ○ ×

104 법관, 검사, 외무공무원은 일반직공무원에 해당한다. ○ ×

105 형벌과 징계벌 사이에는 일사부재리의 원칙이 적용된다. ○ ×

106 징계 중 파면, 해임, 강등을 중징계라 하고, 정직, 감봉, 견책을 경징계라 한다. ○ ×

107 금전의 수수행위에 대한 징계의결 등의 요구는 징계 등의 사유가 발생한 날부터 3년이 지나면 하지 못한다. ○ ×

108 징계처분에 대한 행정소송은 소청심사위원회의 심사·결정을 거치지 아니하고도 제기할 수 있다. ○ ×

109 수사기관에서 수사 중인 사건에 대하여는 수사개시의 통보를 받은 날로부터 징계절차를 진행하지 아니할 수 있다. ○ ×

110 국가공무원법상 임용결격사유는 모두 당연퇴직사유에 해당된다. ○ ×

111 지방공무원법상 정규공무원 임용행위와 시보임용행위는 별도의 임용행위이므로 그 요건과 효력은 개별적으로 판단해야 한다. ○ ×

112 직위해제처분이 있은 후 동일한 사유에 대해 다시 해임처분이 있다면 일사부재리의 법리에 어긋난다. ○ ×

113 징계의 종류로서 파면과 해임은 둘 다 공무원 신분을 박탈시키며 공직취임 제한기간이 동일하다는 점에 있어서는 차이가 없다. ○ ×

114 국가공무원법상 당연퇴직의 인사발령은 항고소송의 대상이 되는 처분에 해당한다. ☐O☐X

115 국가공무원법상의 직위해제처분에는 사전통지에 관한 행정절차법 규정이 적용된다. ☐O☐X

116 임용행위의 하자로 임용행위가 취소되어 소급적으로 공무원의 지위를 상실한 자도 공무원연금법에서 정한 퇴직급여를 청구할 수 있다. ☐O☐X

117 지방공무원법에 따라 공무원은 직무수행시 소속상사의 직무상 명령에 복종하여야 하지만, 이에 대한 의견을 진술할 수 있다. ☐O☐X

118 공무원이 보수에 해당하는 금원지급을 구할 경우 해당 보수항목이 국가예산에 계상되어 있어야만 하는 것은 아니다. ☐O☐X

119 지방공무원법에 따른 고충심사의 결정은 행정처분이 아니다. ☐O☐X

120 지급결정된 연금의 지급청구소송은 공법상 당사자소송으로 제기되어야 한다. ☐O☐X

121 공무원연금법상 연금수급권은 사회보장수급권과 재산권의 성격을 함께 가진다. ☐O☐X

122 소청을 통해 위법한 거부처분에 대하여 의무이행을 구하는 심사청구를 할 수 없다. ☐O☐X

123 징계처분에 대해 소청심사위원회의 심사·결정을 거치지 아니하면 행정소송을 제기할 수 없다. ☐O☐X

124 소청심사위원회가 소청인에게 진술 기회를 주지 아니하고 내린 결정은 취소사유의 하자가 있다. ☐O☐X

125 징계처분에 대한 소청에 대하여는 불이익변경금지원칙이 적용되지 아니한다. ☐O☐X

126 행정기관소속 공무원의 소청을 심사하는 소청심사위원회는 법제처에 둔다. ☐O☐X

127 소청심사위원회의 결정은 처분 행정청을 기속한다. ☐O☐X

128 소청심사위원회의 결정은 그 이유를 구체적으로 밝힌 결정서로 하여야 한다. ☐☒

129 공무원은 소속 상관이 종교중립에 위배되는 직무상 명령을 한 경우에는 따르지 아니할 수 있다. ☐☒

130 공무원이 한 사직의 의사표시는 의원면직처분이 있고 난 이후에는 철회나 취소를 할 수 없다. ☐☒

131 경찰관은 어떠한 죄를 범하려 하고 있다고 의심할 만한 상당한 이유가 있는 사람에 대하여 정지시켜 질문할 수 있다. ☐☒

132 외국 정부기관 및 국제기구와의 국제협력은 경찰관의 직무에 해당한다. ☐☒

133 경찰관은 대테러 작전 등 국가안전에 관련되는 작전을 수행할 때에는 개인화기 외에 공용화기를 사용할 수 있다. ☐☒

134 경찰장구란 경찰관이 휴대하여 범인 검거와 범죄 진압 등의 직무 수행에 사용하는 수갑, 포승, 경찰봉, 방패 등을 말한다. ☐☒

135 불심검문과정에서 경찰관으로부터 가까운 경찰서로 동행할 것을 요구받은 사람은 그 요구를 거절할 수 있다. ☐☒

136 불심검문과정에서 경찰관은 그 대상이 되는 사람에게 질문을 할 때에 흉기를 가지고 있는지를 조사할 수 있다. ☐☒

137 불심검문과정에서 경찰관으로부터 질문을 받은 사람은 그 의사에 반하여 답변을 강요당하지 아니한다. ☐☒

138 경찰관은 재산에 중대한 손해를 끼칠 우려가 있는 인공구조물의 파손이 있을 때에는 그 장소에 있는 사람에게 위해를 방지하기 위하여 필요하다고 인정되는 조치를 하게 할 수 있다. ☐☒

139 경찰관의 적법한 직무집행으로 인하여 손실을 입은 자는 그 손실발생의 원인에 대하여 책임이 있는 경우라도 그 손실 전부에 대하여 보상을 받을 수 있다. ☐☒

140 경찰관의 적법한 직무집행으로 인하여 손실을 입은 경우에 대한 보상은 경찰관 직무집행법에 명문화되어 있다. ☐O☐X

141 경찰관이 보호조치를 하는 경우에 구호대상자가 휴대하고 있는 무기 등 위험을 일으킬 수 있는 물건을 경찰관서에 임시로 영치하여 놓을 수 있다. ☐O☐X

142 경찰관은 불심검문과 관련하여 동행요구에 응해 경찰서로 동행한 사람을 6시간을 초과하여 경찰관서에 머물게 할 수 없다. ☐O☐X

143 경찰위험에 책임이 없는 제3자에게 경찰권을 발동하려면 경찰긴급상태의 요건을 갖추어야 한다. ☐O☐X

144 물건으로 인한 위험이나 장해로부터 발생하는 경찰책임을 행위책임이라고 한다. ☐O☐X

145 물건에 대한 권원의 유무와 관계없이 물건을 현실적으로 지배하고 있는 자에게도 상태책임이 인정된다. ☐O☐X

146 타인을 감독하는 자가 타인의 행위에 대하여 지는 경찰책임은 자기책임이 아니라 타인의 책임을 대신하여 지는 것이다. ☐O☐X

147 행위책임은 공법적 책임이므로 고의나 과실을 요한다. ☐O☐X

148 사법상 법인은 경찰책임을 부담하지 아니한다. ☐O☐X

149 외국인은 경찰책임을 부담하지 아니한다. ☐O☐X

150 행위책임의 행위에는 부작위를 포함한다. ☐O☐X

151 행위능력이 없는 자도 경찰책임자가 될 수 있다. ☐O☐X

152 경찰책임자에 대한 경찰권의 발동이 어려운 경우에는 예외적으로 경찰책임이 없는 자에게도 경찰권이 발동될 수 있다. ☐O☐X

153 공공용물은 직접 행정주체 자신의 사용에 제공된 공물을 말한다. ☐○☐✕

154 국가 또는 지방자치단체가 소유권자인 공물을 국유공물이라 한다. ☐○☐✕

155 공물의 관리주체와 공물의 귀속주체가 다른 공물을 자유공물이라고 한다. ☐○☐✕

156 경찰견은 동산공물에 해당한다. ☐○☐✕

157 도로, 공원 등은 자연공물에 해당한다. ☐○☐✕

158 도로의 지하는 도로법상의 도로점용의 대상이 아니다. ☐○☐✕

159 공용폐지의 의사표시는 묵시적으로 할 수 있으나 적법한 의사표시이어야 한다. ☐○☐✕

160 국유재산법상 행정재산은 시효취득에 관한 민법의 규정에도 불구하고 시효취득의 대상이 되지 않는다. ☐○☐✕

161 원래의 행정재산이 공용폐지되어 시효취득의 대상이 된다는 입증책임은 시효취득을 주장하는 자에게 있다. ☐○☐✕

162 국가배상법상 공공의 영조물은 국가 또는 지방자치단체에 의하여 특정 공공목적에 공여된 유체물 내지 물적 설비를 의미한다. ☐○☐✕

163 지방자치단체가 법령상의 의무에 위반하여 국가가 관리하는 자연공물인 바닷가를 매립함과 동시에 준공인가신청 및 준공인가를 하여 지방자치단체에 귀속시키더라도 불법이 아니다. ☐○☐✕

164 도로점용의 허가는 특정인에게 일정한 내용의 공물사용권을 설정하는 설권행위에 해당하지 않는다. ☐○☐✕

165 공유수면의 일부가 사실상 매립되어 대지화되었다 하더라도 공용폐지를 하지 아니하였다면 법률상으로는 여전히 공유수면으로서의 성질을 보유하고 있다고 볼 수 있다. ☐○☐✕

166 행정재산은 사법상 거래의 대상이 되지 아니하는 불융통물이지만 관재 당국이 이를 모르고 매각하였다면 그 매매는 유효하다. ○×

167 하천의 점용허가권은 특허에 의한 공물사용권의 일종으로 일정한 특별사용을 청구할 수 있는 대세적 효력이 있는 물권이다. ○×

168 공공용물에 관하여 적법한 개발행위가 이루어짐으로써 일정 범위의 사람들의 일반사용이 종전에 비하여 제한받게 되었다면 그로 인한 불이익은 일반적으로 손실보상의 대상이 되는 특별한 손실에 해당한다. ○×

169 구체적으로 공물을 사용하지 않고 있는 이상 그 공물의 인접주민이라는 사정만으로는 공물에 대한 고양된 일반사용권이 인정될 수 없다. ○×

170 하천부지에 대한 점용허가 여부는 관리청의 자유재량에 속하므로 이에 대해서 부관을 붙여 허가할 수 있다. ○×

171 하천부지의 점용허가를 받은 사람은 그 하천부지를 권원 없이 점유·사용하는 자에 대하여 직접 부당이득의 반환을 구할 수 있다. ○×

172 국유재산의 관리청이 행정재산의 사용·수익 허가를 받은 자에 대하여 하는 사용료 부과는 행정처분이다. ○×

173 국유 하천부지는 명시적·묵시적 공용폐지가 없는 한 공물로서의 성질을 유지한다. ○×

174 행정재산의 목적 외 사용·수익에 대한 허가는 강학상 특허에 해당한다. ○×

175 어떤 토지의 지목이 도로이고 국유재산대장에 등재되어 있다면 그 토지는 도로로서 행정재산에 해당한다고 보아야 한다. ○×

176 적법한 개발행위로 인하여 공공용물의 일반사용이 종전에 비하여 제한을 받게 되었다면 특별한 사정이 없는 한 그로 인한 불이익은 손실보상의 대상이 된다. ○×

177 공공용물의 일반사용의 경우에는 사용료를 납부하여야 한다. ○×

178 중앙관서의 장은 특별한 제한 없이 행정재산의 사용허가를 할 수 있다. ☐O☐X

179 국유공물은 민사집행법에 의한 강제집행의 대상이 될 수 있다. ☐O☐X

180 국유재산의 무단점유에 대한 변상금의 징수는 재량행위이다. ☐O☐X

181 행정재산의 사용허가 기간은 원칙상 5년 이내로 한다. ☐O☐X

182 일반재산은 민법상 시효취득의 대상이 되지 아니한다. ☐O☐X

183 행정재산에는 사권을 설정하지 못한다. ☐O☐X

184 도로부지에는 저당권을 설정할 수 있다. ☐O☐X

185 보존용재산은 법령이나 그 밖의 필요에 따라 국가가 보존하는 재산이다. ☐O☐X

186 중앙관서의 장은 사용허가한 행정재산을 국가가 직접 공용으로 사용하기 위하여 필요하게
된 경우에는 사용허가를 철회할 수 있다. ☐O☐X

187 국유재산법에서 "총괄청"이란 국무총리를 말한다. ☐O☐X

188 국유재산법에서 "일반재산"이란 행정재산 외의 모든 국유재산을 말한다. ☐O☐X

189 국유재산법에서 "사용허가"란 행정재산을 국가 외의 자가 일정 기간 유상(무상인 경우는 제
외한다)으로 사용·수익할 수 있도록 허용하는 것을 말한다. ☐O☐X

190 국유재산법에서 "대부계약"이란 행정재산을 국가 외의 자가 일정 기간 유상이나 무상으로
사용·수익할 수 있도록 체결하는 계약을 말한다. ☐O☐X

191 국유재산법에서 "과징금"이란 사용허가나 대부계약 없이 국유재산을 사용·수익하거나 점유한
자에게 부과하는 금액을 말한다. ☐O☐X

빠른 정답 찾기

정답 및 해설

행정사
이준희 행정법

정답 및 해설

PART 01　행정법통론　p.20

001	×	002	×	003	×	004	O	005	O
006	O	007	O	008	O	009	O	010	×
011	O	012	×	013	×	014	×	015	O
016	O	017	×	018	×	019	×	020	×
021	×	022	O	023	×	024	O	025	O
026	O	027	O	028	O	029	×	030	O
031	O	032	O	033	×				

PART 02　행정작용　p.43

001	O	002	×	003	×	004	×	005	×
006	×	007	O	008	×	009	O	010	O
011	×	012	O	013	×	014	×	015	×
016	O	017	O	018	×	019	O	020	O
021	×	022	×	023	O	024	O	025	O
026	×	027	×	028	×	029	O	030	×
031	O	032	O	033	O	034	O	035	O
036	×	037	O	038	O	039	×	040	O
041	×	042	O	043	O	044	O	045	O
046	×	047	×	048	×	049	O	050	×
051	O	052	O	053	O	054	×	055	O
056	×	057	O	058	×	059	O	060	O
061	O	062	×	063	O	064	O	065	×
066	×	067	×	068	O	069	×	070	O
071	O	072	×	073	×	074	×	075	O
076	O	077	×	078	×	079	×	080	×
081	O	082	O	083	×	084	O	085	×
086	×	087	×	088	O	089	O	090	×
091	O	092	O	093	O	094	×	095	×
096	×	097	O	098	×	099	×	100	×
101	O	102	×	103	O	104	×	105	×
106	O	107	O	108	O	109	×	110	×
111	×	112	×	113	O	114	O	115	×
116	×	117	×	118	×	119	O	120	×
121	O	122	O	123	×	124	O	125	O
126	O	127	O	128	O	129	O	130	×
131	×	132	×	133	×	134	×	135	×
136	×	137	O	138	O	139	×	140	O
141	O	142	×	143	O	144	×	145	×
146	O	147	O	148	O	149	O	150	O
151	O	152	O	153	O				

PART 03　행정절차　p.64

001	×	002	×	003	×	004	O	005	×
006	O	007	O	008	×	009	O	010	O
011	×	012	O	013	O	014	×	015	×
016	×	017	O	018	O	019	×	020	×
021	O	022	×	023	O	024	×	025	O
026	O	027	O	028	×	029	O	030	O
031	O	032	×	033	O	034	O	035	O
036	O	037	O	038	O	039	O	040	×
041	×	042	×	043	×	044	O	045	O
046	×	047	O	048	×	049	O	050	×
051	O	052	O	053	O	054	O	055	×
056	O	057	O	058	×	059	O	060	O
061	O	062	O	063	O	064	O	065	O
066	O	067	×	068	O	069	O	070	O
071	×	072	×	073	O	074	O	075	×
076	O	077	O	078	×	079	×	080	O
081	O	082	×	083	O	084	O	085	O
086	×	087	O	088	O	089	×	090	O
091	O	092	O	093	×	094	×	095	×
096	×	097	O	098	O	099	O	100	O
101	O	102	×						

PART 04 행정의 실효성 확보수단   p.85

번호	답	번호	답	번호	답	번호	답	번호	답
001	O	002	×	003	×	004	×	005	O
006	×	007	O	008	O	009	O	010	O
011	×	012	O	013	O	014	×	015	×
016	O	017	×	018	×	019	O	020	×
021	O	022	O	023	×	024	×	025	O
026	×	027	O	028	O	029	O	030	×
031	O	032	O	033	O	034	×	035	O
036	O	037	O	038	×	039	×	040	O
041	O	042	O	043	O	044	O	045	×
046	O	047	×	048	O	049	O	050	O
051	O	052	×	053	O	054	×	055	×
056	×	057	O	058	×	059	O	060	O
061	×	062	O	063	O	064	O	065	O
066	×	067	×	068	×	069	O	070	O
071	×	072	O	073	O				

PART 05 행정구제   p.100

번호	답	번호	답	번호	답	번호	답	번호	답
001	O	002	×	003	O	004	O	005	O
006	O	007	O	008	O	009	×	010	×
011	O	012	O	013	×	014	×	015	×
016	O	017	O	018	O	019	O	020	O
021	O	022	O	023	O	024	×	025	O
026	×	027	O	028	O	029	×	030	O
031	O	032	O	033	O	034	O	035	O
036	×	037	O	038	×	039	O	040	O
041	O	042	O	043	O	044	×	045	×
046	×	047	×	048	×	049	×	050	O
051	×	052	O	053	×	054	O	055	O
056	×	057	O	058	O	059	O	060	×

PART 06 행정쟁송   p.122

번호	답	번호	답	번호	답	번호	답	번호	답
001	×	002	×	003	O	004	O	005	×
006	×	007	O	008	×	009	×	010	O
011	O	012	×	013	O	014	×	015	O
016	O	017	O	018	O	019	O	020	O
021	O	022	O	023	×	024	×	025	O
026	×	027	O	028	×	029	O	030	O
031	O	032	O	033	O	034	O	035	O
036	×	037	O	038	×	039	O	040	O
041	×	042	×	043	O	044	×	045	O
046	×	047	O	048	O	049	O	050	×
051	×	052	O	053	×	054	O	055	O
056	×	057	O	058	×	059	O	060	×
061	×	062	×	063	×	064	O	065	O
066	O	067	×	068	×	069	O	070	O
071	O	072	×	073	O	074	×	075	×
076	×	077	×	078	O	079	×	080	O
081	×	082	O	083	O	084	O	085	O
086	O	087	×	088	O	089	O	090	O
091	O	092	×	093	×	094	×	095	O
096	×	097	O	098	×	099	O	100	×
101	×	102	×	103	O	104	O	105	×
106	×	107	×	108	O	109	O	110	O
111	×	112	×	113	×	114	×	115	O
116	×	117	O	118	O	119	×	120	×
121	O	122	O	123	×	124	O		

PART 07 행정법각론   p.141

001	○	002	○	003	○	004	○	005	○
006	○	007	○	008	×	009	○	010	×
011	×	012	×	013	○	014	○	015	○
016	○	017	○	018	×	019	○	020	○
021	○	022	×	023	×	024	○	025	○
026	○	027	×	028	○	029	○	030	○
031	×	032	○	033	○	034	○	035	×
036	○	037	○	038	○	039	○	040	×
041	○	042	○	043	○	044	○	045	×
046	×	047	○	048	○	049	○	050	○
051	○	052	×	053	○	054	×	055	×
056	○	057	×	058	○	059	○	060	○
061	×	062	×	063	×	064	○	065	×
066	×	067	×	068	○	069	○	070	○
071	×	072	○	073	○	074	○	075	×
076	×	077	○	078	○	079	○	080	○
081	○	082	×	083	○	084	×	085	○
086	○	087	○	088	×	089	○	090	○
091	×	092	○	093	×	094	○	095	×
096	○	097	×	098	○	099	○	100	×
101	×	102	○	103	○	104	×	105	×
106	×	107	×	108	×	109	○	110	×
111	○	112	×	113	×	114	×	115	×
116	×	117	○	118	×	119	○	120	○
121	○	122	×	123	○	124	×	125	×
126	×	127	○	128	○	129	○	130	○
131	○	132	○	133	○	134	○	135	○
136	○	137	○	138	○	139	×	140	○
141	○	142	○	143	○	144	×	145	○
146	×	147	×	148	×	149	×	150	○
151	○	152	○	153	×	154	×	155	×
156	○	157	×	158	×	159	○	160	○
161	○	162	○	163	×	164	×	165	○
166	×	167	×	168	×	169	○	170	○
171	○	172	○	173	○	174	○	175	×
176	×	177	×	178	×	179	×	180	×
181	○	182	×	183	○	184	○	185	○
186	○	187	×	188	○	189	×	190	×
191	×								

PART 01 **행정법통론** p.20

001 · ×

법률우위의 원칙에서 말하는 법률은 헌법, 법률, 그 밖에 성문법·불문법을 포함한 모든 법규를 말하는 것으로서 행정법의 일반원칙도 포함한다. 단, 행정규칙은 포함되지 아니한다.

002 · ×

법률우위의 원칙은 모든 행정작용에 적용된다.

003 · ×

법률우위의 원칙에 위반되는 행정작용은 위법하다. 따라서 중대·명백설에 따라 무효 또는 취소의 대상이 된다.

004 · ○

005 · ○

006 · ○

007 · ○

96다31307

008 · ○

98두14525

009 · ○

헌법 제37조 제2항에 의하면 국민의 기본권을 법률로써 제한하는 것이 가능하다고 하더라도 그 본질적인 내용을 침해할 수 없고 또한 과잉금지의 원칙에도 위배되어서는 아니되는바, 과잉금지의 원칙은 헌법상의 원칙이다(95헌가17).

010 · ×

법령의 개정에서 신뢰보호원칙이 적용되어야 하는 이유는 법적 안정성을 확보하기 위함이다(2005두4649 전원합의체).

011 · ○

특정 개인에 대한 공적인 견해표명이 있어야 하는 것은 아니며, 법률에 대한 신뢰도 신뢰보호의 대상이 된다.

012 · ×

공적 견해나 의사는 명시적 또는 묵시적으로 표시되어야 하지만 묵시적 표시가 있다고 하기 위하여는 단순한 과세누락과는 달리 과세관청이 상당기간의 불과세 상태에 대하여 과세하지 않겠다는 의사표시를 한 것으로 볼 수 있는 사정이 있어야 한다(2001두7855).

013 · ×

단순히 착오로 처분을 반복한 경우에는 신뢰보호원칙이 적용되지 않는다(2020두33824).

014 · ×

귀책사유의 유무는 상대방과 그로부터 신청행위를 위임받은 수임인 등 관계자 모두를 기준으로 판단하여야 한다(2001두1512).

015 · ○

016 · ○

017 · ×

행정처분이 반복적으로 행하여졌다 하더라도 그러한 처분이 위법한 것인 때에는 행정청에 대하여 자기구속력을 갖게 된다고 할 수 없다(2008두13132).

018 · ×

재량준칙이 되풀이 시행되어 행정관행이 성립한 경우 당해 재량준칙에 자기구속력을 인정한다(90헌마13).

019 · ×

대통령령, 총리령 및 부령은 특별한 규정이 없으면 공포한 날부터 20일이 경과함으로써 효력을 발생한다.

020 · ×

당사자의 신청에 따른 처분은 원칙적으로 처분 당시의 법령등에 따른다(행정기본법 제14조 제2항).

021 · ×

진정소급입법은 원칙적으로 허용되지 않는다(행정기본법 제14조 제1항). 다만, 진정소급입법이라 하더라도 이를 허용할 공익적 필요성이 있는 경우에는 예외적으로 허용될 수 있다.

022 · ○

국가의 법령이 영토의 일부 지역에만 적용되는 경우도 있다(예 수도권정비계획법 등).

023 · ×

외국인에 대하여 특칙을 두거나, 상호주의가 적용되는 경우도 있다(예 국가배상법).

024 · ○

행정기본법 제7조 제1호

025 · ○

행정기본법 제7조 제2호

026 · ○

행정기본법 제7조 제3호

027 · ○

행정절차법 제40조 제3항

028 · ○

029 · ×

당구장업 영업신고는 수리를 요하지 않는 신고에 해당한다. 따라서 적법한 요건을 갖춘 신고가 있는 경우에는 신고의무를 이행한 것이 되어 행정청의 수리 여부와 관계없이 신고서가 접수기관에 도달한 때에 신고의무가 이행된 것으로 본다.

030 · ○

건축신고 반려, 건축물 착공신고 반려, 원격평생교육신고 반려의 경우 수리를 요하지 않는 신고에 해당하지만 예외적으로 항고소송의 대상이 된다.

031 · ○

99두455

032 · ○

033 · ×

인·허가의제 효과를 수반하는 건축신고는 일반적인 건축신고와는 달리, 특별한 사정이 없는 한 행정청이 그 실체적 요건에 관한 심사를 한 후 수리하여야 하는 이른바 '수리를 요하는 신고'로 보는 것이 옳다(2010두14954 전원합의체).

PART 02　행정작용　　　p.43

001 · ○

002 · ×

감사원규칙에 대하여는 헌법에 근거가 없으며, 감사원법에 따라 제정된다. 그 실질적 내용에 비추어 법규명령에 해당한다.

003 · ×

헌법이 인정하고 있는 위임입법의 형식은 예시적인 것이다(99헌바91).

004 · ×

어떠한 법규범이 명확한지 여부는 예측가능성 및 자의적 법집행 배제가 확보되는지 여부에 따라 이를 판단할 수 있다(2006도920).

005 · ×

법률에서 처벌법규를 위임하는 경우 범죄구성요건은 구체적으로 정하여야 하며, 형벌의 종류 및 그 상한과 폭을 명백히 규정하여야 한다(91헌가4).

006 · ×

위임받은 사항에 관하여 일반적인 사항을 규정하고 그 세부적 사항을 하위명령에 재위임하는 것은 가능하다.

007 · ○

008 · ×

조례에 대한 위임은 포괄적 위임도 가능하다. 그러나 국민의 권리·의무에 관련되는 것일 경우에는 적어도 국민의 권리·의무에 관한 기본적이고 본질적인 사항은 국회가 정하여야 한다(90누6613).

009 · ○

2006두14476

010 · ○

011 · ×

집행명령이 새로운 법규사항(국민의 권리·의무에 관한 사항)을 규정하였다면 그 집행명령은 위법한 명령이 되고 무효가 된다.

012 · ○

013 · ×

법개정으로 위임의 근거가 부여되면 그때부터는 유효한 법규명령이 된다(93추83).

014 · ×

구법의 위임에 의한 유효한 법규명령이 법개정으로 위임의 근거가 없어지게 되면 그때부터 무효인 법규명령이 된다(93추83).

015 · ×

집행명령이 개정된 상위법령의 시행에 필요한 사항을 규정하고 있는 이상, 그 집행명령은 상위법령의 개정에도 불구하고 당연히 실효되지 아니한다(88누6962).

016 · ○

명령·규칙 또는 처분이 헌법이나 법률에 위반되는 여부가 재판의 전제가 된 경우에는 대법원은 이를 최종적으로 심사할 권한을 가진다(헌법 제107조 제2항).

017 · ○

명령이나 규칙이 헌법이나 법률에 위반된다고 인정하는 경우 법원은 그 명령이나 규칙을 당해 사건에 적용하는 것을 거부할 수 있을 뿐 그 명령이나 규칙의 무효를 선언할 수는 없다.

018 · ×

대법원은 지체 없이 그 사유를 행정안전부장관에게 통보하여야 한다.

019 · ○

020 · ○

021 · ×

부작위위법확인소송의 부작위는 처분의 부작위를 의미하며, 행정입법부작위는 포함되지 않는다.

022 · ×

재량준칙은 행정규칙에 해당한다. 따라서 재량준칙의 제정에는 법령상 근거가 필요 없다.

023 ◦ O

024 ◦ O

025 ◦ O

판례는 부령의 형식으로 규정된 행정규칙에 대해서는 원칙적으로 행정규칙으로 보며, 대통령령의 형식으로 규정된 행정규칙의 경우 법규명령으로 보는 입장이다. 따라서 제재적 처분기준이 부령의 형식으로 규정되어 있는 때에는 국민에게 법적 효력이 없다.

026 ◦ ×

행정청은 필요한 처분기준을 해당 처분의 성질에 비추어 되도록 구체적으로 정하여 공표하여야 한다. 처분기준을 변경하는 경우에도 또한 같다(행정절차법 제20조 제1항).

027 ◦ ×

행정규칙은 상급행정기관의 감독권에 근거해서 발할 수 있다.

028 ◦ ×

행정규칙의 대외적 구속력은 원칙적으로 인정되지 않는다. 따라서 처분이 행정규칙에서 정한 요건을 충족하지 않아도 조직 내부의 징계사유가 될 수 있을 뿐, 절차상의 하자로 위법한 처분이 되는 것은 아니다.

029 ◦ O

030 ◦ ×

당해 처분의 적법 여부는 처분기준만이 아니라 관계 법령의 규정 내용과 취지에 따라 판단되어야 하므로, 위 처분기준에 적합하다 하여 곧바로 당해 처분이 적법한 것이라고 할 수는 없다(2007두6946).

031 ◦ O

032 ◦ O

033 ◦ O

034 ◦ O

035 ◦ O

예외적으로 신청에 의하지 아니하는 허가도 있다(예 통행금지해제).

036 ◦ ×

토지의 형질변경행위를 수반하는 건축허가는 재량행위에 속한다(2004두6181).

037 ◦ O

038 ◦ O

039 ◦ ×

허가는 특정 법령상의 금지를 해제하여 주는 효과밖에 없으므로 특별한 규정이 없는 한 다른 법령상의 금지까지 해제하는 것은 아니다. 예컨대 공장건축허가를 받더라도 건축예정토지의 농지전용금지까지 해제하여 준 것은 아니다.

040 ◦ O

041 ◦ ×

타법상의 인·허가가 의제되는 허가를 하는 경우, 행정청은 타법상의 인·허가 요건에 대하여도 심사를 한 후 허가처분을 하여야 한다.

042 ◦ O

행정기본법 제24조 제2항

043 ◦ O

행정기본법 제24조 제3항

044 ◦ O

행정기본법 제25조 제2항

045 ◦ O

행정기본법 제26조 제1항

046 ◦ ×

인허가의제 제도는 사업시행자의 이익을 위하여 만들어진 것이므로 사업시행자가 반드시 관련 인허가의제 처리를 신청할 의무가 있는 것은 아니다(2019두31839).

047 ◦ ×

공유수면 관리 및 매립에 관한 법률상 공유수면점용허가는 특허에 해당하므로 원칙적으로 재량행위이다.

048 ◦ ×

행정청의 재량권 불행사는 그 자체로 재량권 일탈·남용에 해당한다.

049 ◦ ○

과징금 감경사유가 있음에도, 과징금 부과 관청이 과징금을 산정하면서 이를 전혀 고려하지 않았거나 감경사유에 해당하지 않는다고 오인하여 과징금 전액을 부과한 과징금 부과처분은 재량권을 일탈·남용한 위법한 처분이다(2010두7031).

050 ◦ ×

행정청이 제재처분 양정을 하면서 공익과 사익의 형량을 전혀 하지 않았거나 이익형량의 고려대상에 마땅히 포함하여야 할 사항을 누락한 경우 또는 이익형량을 하였으나 정당성·객관성이 결여된 경우에는 제재처분은 재량권을 일탈·남용한 것이라고 보아야 한다(2019두52980).

051 ◦ ○

052 ◦ ○

053 ◦ ○

054 ◦ ×

행정청이 상대방에게 장차 어떤 처분을 하겠다고 확약 또는 공적인 의사표명을 하였다고 하더라도, 그 자체에서 상대방으로 하여금 언제까지 처분의 발령을 신청을 하도록 유효기간을 두었는데도 그 기간 내에 상대방의 신청이 없었다거나 확약 또는 공적인 의사표명이 있은 후에 사실적·법률적 상태가 변경되었다면, 그와 같은 확약 또는 공적인 의사표명은 행정청의 별다른 의사표시를 기다리지 않고 실효된다(95누10877).

055 ◦ ○

056 ◦ ×

재량행위에 부관을 붙이는 것은 별도의 법적 근거가 필요 없다(행정기본법 제17조 제1항).

057 ◦ ○

058 ◦ ×

하천부지 점용허가는 특허로서 재량행위에 해당한다. 따라서 그 성질상 부관을 붙일 수 있다.

059 ◦ ○

법정부관(행정행위의 효과의 제한이 직접 법규에 규정되어 있는 것)은 부관이 아니다. 따라서 부관의 한계의 문제가 발생하지 않는다.

060 ◦ ○

061 ◦ ○

062 ◦ ×

부담에서 행정행위의 효력은 처음부터 발생한다.

063 ◦ ○

064 ◦ ○

065 ◦ ×

조건이 성취되어야 행정행위의 효력이 발생하는 부관은 정지조건이다.

066 ◦ ×

부담을 부가하기 이전에 상대방과 협의하여 부담의 내용을 협약의 형식으로 미리 정한 다음 행정처분을 하면서 이를 부가할 수도 있다(2005다65500).

067 ◦ ×

행정처분에 부담인 부관을 붙인 경우 부관의 무효화에 의하여 그 부담의 이행으로 한 사법상 법률행위 자체를 당연히 무효화하는 것은 아니다(2006다18174).

068 ◦ ○

069 ◦ ×

공법상의 제한을 회피할 목적으로 행정처분의 상대방과 사이에 사법상 계약을 체결하는 형식으로 부관을 부과하였다면 이는 법치행정의 원리에 반하는 것으로서 위법하다(2007다63966).

070 · O

부담의 경우에는 다른 부관과는 달리 행정행위의 불가분적인 요소가 아니고 그 존속이 본체인 행정행위의 존재를 전제로 하는 것일 뿐이므로 부담 그 자체로서 행정쟁송의 대상이 될 수 있다.

071 · O

면허의 유효기간은 부관 중 기한에 해당한다. 부담을 제외한 부관은 그 자체만을 독립된 쟁송의 대상으로 할 수 없다. 따라서 면허의 유효기간만 취소하여 달라는 소송을 제기하는 것은 허용될 수 없다.

072 · ×

행정행위의 부관은 부담인 경우를 제외하고는 독립하여 행정소송의 대상이 될 수 없는바, 기부채납받은 행정재산에 대한 사용·수익허가에서 공유재산의 관리청이 정한 사용·수익허가의 기간은 그 허가의 효력을 제한하기 위한 행정행위의 부관으로서 이러한 사용·수익허가의 기간에 대해서는 독립하여 행정소송을 제기할 수 없다(99두509).

073 · ×

부관부 행정행위에 불복하는 경우 부관이 없는 행정행위를 발급해 줄 것을 구하는 항고소송은 인정하지 않는다. 행정청에 부관이 없는 처분으로 변경하여 줄 것을 청구한 다음 그것이 거부되면 그에 대한 거부처분 취소소송을 제기할 수는 있다.

074 · ×

행정행위의 부관은 부담인 경우를 제외하고는 독립하여 행정소송의 대상이 될 수 없다.

075 · O

행정행위의 성립에 하자가 있는 경우에도 그것이 중대·명백하여 당연무효로 인정되는 경우를 제외하고는 권한 있는 기관(처분청, 감독청, 행정심판위원회, 행정법원)에 의하여 취소되기 전까지는 상대방·이해관계인 및 다른 행정청뿐만 아니라 법원(민·형사법원)도 그 효력을 부인할 수 없다. 이를 공정력이라고 한다.

076 · O

행정행위의 성립에 하자가 있는 경우에도 그것이 중대·명백하여 당연무효로 인정되는 경우를 제외하고는 권한

있는 기관(처분청, 감독청, 행정심판위원회, 행정법원)에 의하여 취소되기 전까지는 상대방·이해관계인 및 다른 행정청뿐만 아니라 법원(민·형사법원)도 그 효력을 부인할 수 없다. 이를 공정력이라고 한다.

077 · ×

공정력에 대한 명시적 규정은 행정기본법에서 규정하고 있다.

078 · ×

처분은 권한이 있는 기관이 취소 또는 철회하거나 기간의 경과 등으로 소멸되기 전까지는 유효한 것으로 통용된다. 다만, 무효인 처분은 처음부터 그 효력이 발생하지 아니한다(행정기본법 제15조).

079 · ×

공정력은 행정행위의 효력이다.

080 · ×

처분청의 경우에는 자신의 행정행위를 직권으로 취소할 수 있으므로 공정력에 구속되지 않는다.

081 · O

082 · O

무효 또는 부존재인 행정행위에는 공정력이 발생하지 않는다.

083 · ×

처분의 위법성의 정도가 중대하고 명백한 당연무효에 해당하는 처분은 공정력이 없고, 처음부터 효력이 발생하지 않는다. 따라서 민사소송 또는 형사소송에서 행정행위의 무효 여부가 선결문제로 된 경우, 그 수소법원은 스스로 당해 행위가 무효임을 판단할 수 있다. 취소할 수 있는 행정행위는 공정력이 발생하므로 민사법원은 그 행정행위의 효력을 부인할 수는 없다.

084 · O

허위의 방법으로 연령을 속여 발급받은 운전면허는 비록 위법하다고 하더라도, 취소되지 않는 한 그 효력이 있는 것이므로 그러한 운전면허에 의한 운전행위는 무면허운전이라고 할 수 없다(80도2646).

085 · ×

행정행위에 불가쟁력이 발생하여도 판결에 있어서와 같은 기판력이 인정되는 것은 아니어서 그 처분의 기초가 된 사실관계나 법률적 판단이 확정되고 당사자들이나 법원이 이에 기속되어 모순되는 주장이나 판단을 할 수 없게 되는 것은 아니다(2002두11288).

086 · ×

불가쟁력은 행정행위의 상대방이나 이해관계인을 구속하는 효력이고, 불가변력은 행정청 스스로도 당해 행정행위에 구속되어 직권으로 취소·변경할 수 없는 효력을 의미한다.

087 · ×

불가쟁력은 모든 행정행위에 다 인정되지만, 불가변력은 예외적으로 일부 행정행위의 경우에만 인정된다.

088 · ○

089 · ○

불가변력이 발생한 경우에도 불가쟁력이 발생하지 않은 한 상대방은 행정쟁송에 의한 취소가 가능하다.

090 · ×

행정심판청구인은 제소기간 내에는 그 재결의 효력을 다툴 수 있다.

091 · ○

행정행위에 의하여 부과된 의무를 상대방이 이행하지 않으면 행정청은 법원의 힘을 빌리지 않고 스스로 그 이행을 강제할 수 있는데, 이를 집행력이라고 한다. 행정행위의 집행력은 모든 행정행위에 인정되는 것이 아니며 의무부과를 전제로 하는 하명행위에 한하여 문제된다.

092 · ○

093 · ○

094 · ×

위헌으로 결정된 법률에 근거한 행정행위는 위헌결정이 있기 전에 발령된 행정행위에 해당한다면 취소사유에 해당한다. 다만, 위헌결정이 있은 후에 발령된 행정행위라면 무효이다.

095 · ×

위헌결정 이후에 행한 그 과세처분에 따른 체납처분은 무효이다.

096 · ×

하자의 치유는 취소할 수 있는 행정행위를 대상으로 한다.

097 · ○

두 개 이상의 행정처분이 연속적으로 행하여지는 경우 선행처분과 후행처분이 서로 결합하여 1개의 법률효과를 완성하는 때에는 하자의 승계를 인정한다(93누8542).

098 · ×

직권취소의 사유는 처분의 위법뿐만 아니라 부당까지도 포함한다.

099 · ×

직권취소는 기본적으로 행정의 법률적합성원리와 신뢰보호원칙의 비교·형량에 따르는 제한을 받는다.

100 · ×

행정행위를 한 행정청은 별도의 명시적인 법적 근거가 없어도 행정행위의 성립에 하자가 있다면 직권으로 이를 취소할 수 있다.

101 · ○

102 · ×

직권취소는 취소기간의 제한이 없다.

103 · ○

쟁송취소의 효과는 원칙적으로 소급한다.

104 · ×

행위의 일부에만 취소사유가 있고 그 행위가 가분적일 때는 일부취소가 가능하다.

105 · ×

해당 처분에 대한 취소소송이 진행 중이어도 처분청은 위법한 처분을 스스로 취소하고 그 하자를 보완하여 다시 적법한 처분을 할 수 있다.

106 · ○

수익적 행정행위를 직권취소하는 경우에는 신뢰보호원칙 및 비례원칙 등의 제한을 받는다.

107 · ○

108 · ○

109 · ×

수익적 행정행위의 직권취소에 대한 직권취소는 취소처분을 한 후 새로운 이해관계인이 생기기 전까지는 다시 직권취소하여 수익적 행정행위의 효력을 회복시킬 수 있다. 그러나 부담적 행정행위의 취소를 다시 직권취소하여 원행정처분을 소생시킬 수는 없다.

110 · ×

수익적 처분의 직권취소 필요성에 관한 증명책임은 행정청에게 있다.

111 · ×

수익적 처분에 대한 직권취소는 불이익한 처분에 해당하므로 행정절차법상 사전통지가 필요하다.

112 · ×

행정청은 적법한 처분이 중대한 공익을 위하여 필요한 경우에는 그 처분의 전부를 철회할 수 있다(행정기본법 제19조 제1항).

113 · ×

행정청은 적법한 처분을 철회하는 경우에는 철회로 인하여 당사자가 입게 될 불이익을 철회로 달성되는 공익과 비교·형량하여야 한다(행정기본법 제19조 제2항).

114 · ○

115 · ×

별도의 법적 근거가 없다 하더라도 원래의 처분을 그대로 존속시킬 필요가 없게 된 사정변경이 생겼거나 또한 중대한 공익상의 필요가 발생한 경우에는 별개의 행정행위로 이를 철회하거나 변경할 수 있다(95누1194).

116 · ×

감독청은 처분청에 철회를 명할 수는 있으나, 법률에 특별한 규정이 없는 한 직접 당해 행위를 철회할 수는 없다.

117 · ×

헌법재판소는 행정계획에 대해서는 원칙적으로 헌법소원을 인정하지 아니한다. 다만, 예외적으로 비구속적 행정계획안이나 행정지침이라도 국민의 기본권에 직접적으로 영향을 끼치고, 앞으로 법령의 뒷받침에 의하여 그대로 실시될 것이 틀림없을 것으로 예상될 수 있을 때에는, 공권력행위로서 예외적으로 헌법소원의 대상이 될 수 있다(99헌마538). 또한 헌법재판소는 국립대학의 '대학입학고사 주요 요강'을 처분은 아니지만 국민의 기본권에 직접 영향을 미치는 내용이므로 공권력행사로 헌법소원의 대상이 된다고 판시하였다.

118 · ×

도시기본계획은 도시의 기본적인 공간구조와 장기발전방향을 제시하는 종합계획으로서 그 계획은 도시계획입안의 지침이 되는 것에 불과하여 일반 국민에 대한 직접적인 구속력은 없다(2000두8226).

119 · ○

120 · ×

개발제한구역지정처분은 일종의 행정계획으로서 그 입안·결정에 관하여 광범위한 형성의 자유를 가지는 계획재량처분이므로, 그 지정에 관련된 공익과 사익을 전혀 비교교량하지 아니하였거나 비교교량을 하였더라도 그 정당성과 객관성이 결여되어 비례의 원칙에 위반되었다고 볼 만한 사정이 없는 이상, 그 개발제한구역지정처분은 재량권을 일탈·남용한 위법한 것이라고 할 수 없다(96누1313).

121 · ○

122 · ○

123 · ×

행정계획에는 변화가능성이 내재되어 있으므로 계획존속청구권이 원칙적으로 부정된다.

124 ◆ ○

125 ◆ ○

예외적으로 일정한 행정처분을 신청할 수 있는 지위에 있는 자의 계획변경신청을 거부하는 것이 실질적으로 행정처분 자체를 거부하는 결과가 되는 경우에는 계획변경청구권을 인정한다.

126 ◆ ○

127 ◆ ○

128 ◆ ○

행정기본법 제27조 제1항

129 ◆ ○

130 ◆ ×

'국가를 당사자로 하는 계약에 관한 법률'에 따른 공공계약은 사경제의 주체로서 상대방과 대등한 위치에서 체결하는 사법상의 계약으로서 그 본질적인 내용은 사인 간의 계약과 다를 바가 없다(2012다74076).

131 ◆ ×

행정절차법은 공법상 계약의 절차에 관한 규정이 없다. 공법상 계약은 행정기본법에서 규정하고 있다.

132 ◆ ×

행정청은 공법상 계약의 상대방을 선정하고 계약 내용을 정할 때 공법상 계약의 공공성과 제3자의 이해관계를 함께 고려하여야 한다.

133 ◆ ×

모든 행정행위에는 법률우위의 원칙이 적용된다.

134 ◆ ×

행정청이 공법상 계약을 체결할 때 법령 등에 따른 관계 행정청의 동의, 승인 등을 모두 거쳐야 한다.

135 ◆ ×

권력적 사실행위는 항고소송의 대상인 처분성이 인정된다.

136 ◆ ×

법률우위의 원칙은 모든 행정작용에 적용된다.

137 ◆ ○

138 ◆ ○

행정절차법은 행정지도에 관하여 개념과 기본원칙 그리고 그 절차만을 규정하고 있다. 즉, 행정지도에 법적 근거가 요구되는지에 대하여 규정하고 있지 않다.

139 ◆ ×

행정지도란 행정기관이 그 소관 사무의 범위에서 하는 행정작용이다.

140 ◆ ○

141 ◆ ○

142 ◆ ×

행정지도는 상대방인 국민의 임의적인 협력을 구하는 비권력적 사실행위로서 아무런 법적 효과를 발생시키지 아니한다.

143 ◆ ○

행정지도는 국가배상법 제2조상의 공무원의 직무행위에 해당한다. 다만, 위법한 행정지도로 인하여 손해를 입은 경우에도 인과관계의 입증이 힘들기 때문에 국가배상을 인정하기가 어렵다.

144 ◆ ×

행정절차법 제48조 제1항. 모든 행정작용은 비례원칙의 구속을 받는다.

145 ◆ ×

행정지도의 원칙은 행정기본법이 아닌 행정절차법에서 규정하고 있다.

146 ◆ ○

행정절차법 제48조 제1항

147 ◆ ○

행정절차법 제48조 제2항

148 • O

행정절차법 제49조 제2항

149 • O

행정절차법 제49조 제1항

150 • O

행정절차법 제50조

151 • O

152 • O

153 • O

PART 03 행정절차   p.64

001 • ×

일반적으로 이유제시의 하자는 취소사유에 해당하며, 취소사유의 하자는 제한적인 범위 내에서 치유를 인정할 수 있다.

002 • ×

절차상 하자의 독립된 위법성을 인정한다.

003 • ×

행정절차법은 절차상 하자 있는 행정처분의 법적 효력에 관한 명문의 규정이 없다.

004 • O

행정절차법은 처분, 신고, 확약, 위반사실 등의 공표, 행정계획, 행정상 입법예고, 행정예고, 행정지도에 대한 내용으로 구성된다. 행정절차법은 대부분 절차에 관한 규정으로 이루어져 있으나, 실체적인 내용도 일부 포함되어 있다(신의성실, 신뢰보호 등).

005 • ×

행정절차에 관하여 다른 법률에 특별한 규정이 있는 경우를 제외하고는 이 법에서 정하는 바에 따른다(행정절차법 제3조 제1항).

006 • O

007 • O

행정절차법 제3조 제2항 제1호

008 • ×

1) 자연인, 2) 법인, 법인이 아닌 사단 또는 재단, 3) 다른 법령등에 따라 권리·의무의 주체가 될 수 있는 자에 해당하는 자는 행정절차에서 당사자등이 될 수 있다(행정절차법 제9조).

009 • O

행정절차법 제6조 제1항

010 • O

행정절차법 제6조 제2항

011 · ✕

행정청은 1) 법령등의 이유로 독자적인 직무 수행이 어려운 경우, 2) 인원·장비의 부족 등 사실상의 이유로 독자적인 직무 수행이 어려운 경우, 3) 다른 행정청에 소속되어 있는 전문기관의 협조가 필요한 경우, 4) 다른 행정청이 관리하고 있는 문서(전자문서를 포함한다. 이하 같다)·통계 등 행정자료가 직무 수행을 위하여 필요한 경우, 5) 다른 행정청의 응원을 받아 처리하는 것이 보다 능률적이고 경제적인 경우에 해당하는 경우에는 다른 행정청에 행정응원을 요청할 수 있다(행정절차법 제8조 제1항).

012 · ✕

행정응원에 드는 비용은 응원을 요청한 행정청이 부담하며, 그 부담금액 및 부담방법은 응원을 요청한 행정청과 응원을 하는 행정청이 협의하여 결정한다(행정절차법 제8조 제6항).

013 · ○

행정절차법 제8조 제4항

014 · ✕

정보통신망을 이용한 송달은 송달받을 자가 동의하는 경우에만 한다. 이 경우 송달받을 자는 송달받을 전자우편주소 등을 지정하여야 한다(행정절차법 제14조 제3항).

015 · ✕

행정청은 송달하는 문서의 기록을 보존하여야 한다(행정절차법 제14조 제6항).

016 · ✕

송달은 다른 법령등에 특별한 규정이 있는 경우를 제외하고는 해당 문서가 송달받을 자에게 도달됨으로써 그 효력이 발생한다(행정절차법 제15조 제1항).

017 · ✕

천재지변이나 그 밖에 당사자등에게 책임이 없는 사유로 기간 및 기한을 지킬 수 없는 경우에는 그 사유가 끝나는 날까지 기간의 진행이 정지된다(행정절차법 제16조 제1항).

018 · ○

행정절차법 제16조 제2항

019 · ✕

특별한 사정이 없는 한, 신청에 대한 거부처분은 불이익한 처분이 아니므로 처분의 사전통지대상이 되지 않는다(2003두674).

020 · ✕

신청에 대한 거부처분은 행정절차법상의 사전통지의 대상이 아니다.

021 · ○

행정절차법 제21조 제4항 제3호

022 · ✕

행정절차법상 의견제출을 할 수 있는 당사자 등이라 함은 행정청의 처분에 대하여 직접 그 상대가 되는 당사자와 행정청이 직권 또는 신청에 의하여 행정절차에 참여하게 한 이해관계인을 말한다.

023 · ○

소청심사위원회가 소청 사건을 심사할 때에는 소청인 또는 대리인에게 진술 기회를 주어야 한다. 진술 기회를 주지 아니한 결정은 무효로 한다(국가공무원법 제13조).

024 · ✕

고시의 방법으로 불특정 다수인을 상대로 의무를 부과하거나 권익을 제한하는 처분은 성질상 의견제출의 기회를 주어야 하는 상대방을 특정할 수 없으므로, 이와 같은 처분에 있어서까지 그 상대방에게 의견제출의 기회를 주어야 한다고 해석할 것은 아니다(2012두7745).

025 · ○

행정절차법 제22조 제4항

026 · ○

행정절차법 제2조 제5호

027 · ✕

행정청과 당사자 사이에 의견청취절차 배제협약을 하였더라도 청문배제의 예외적인 사유가 아니다(2002두8350).

028 · ✕

법인 설립허가의 취소는 당사자 등의 신청 여부와 관계없이 청문을 실시하여야 한다(행정절차법 제22조 제1항).

www.pmg.co.kr

029 · O

행정절차법 제37조 제1항

030 · ×

청문 주재자는 직권으로 또는 당사자의 신청에 따라 필요한 조사를 할 수 있으며, 당사자등이 주장하지 아니한 사실에 대하여도 조사할 수 있다(행정절차법 제33조 제1항).

031 · O

행정처분의 상대방에 대한 청문통지서가 반송되었다거나, 행정처분의 상대방이 청문일시에 불출석하였다는 이유로 청문을 실시하지 아니하고 한 침해적 행정처분은 위법하다(2000두3337).

032 · ×

행정청은 청문이 필요하다고 인정하는 경우에는 법령 등에서 청문을 하도록 규정한 경우가 아니더라도 청문을 할 수 있다(행정절차법 제22조 제1항 제2호).

033 · O

행정절차법 제22조 제2항 제2호

034 · O

행정절차법 제22조 제5항

035 · O

행정절차법 제28조 제2항 제1호

036 · O

행정절차법 제30조

037 · O

행정절차법 제33조 제3항

038 · O

행정절차법 제37조 제6항

039 · O

행정절차법 제32조

040 · ×

행정청은 공청회를 개최하려는 경우에는 공청회 개최 14일 전까지 당사자등에게 통지하여야 한다(행정절차법 제38조).

041 · ×

행정청이 처분을 할 때에는 신청 내용을 모두 그대로 인정하는 경우에는 당사자에게 그 근거와 이유를 제시할 필요가 없다(행정절차법 제23조 제1항 제1호).

042 · ×

행정청이 처분을 할 때에는 단순·반복적인 처분으로서 당사자가 그 이유를 명백히 알 수 있는 경우에는 당사자에게 그 근거와 이유를 제시할 필요가 없다(행정절차법 제23조 제1항 제2호).

043 · ×

이유제시의 대상은 이해관계인이 아닌 당사자이다(행정절차법 제23조 제1항).

044 · O

행정절차법 제24조 제2항

045 · O

행정절차법 제26조의 고지절차에 관한 규정은 행정처분의 상대방이 그 처분에 대한 행정심판의 절차를 밟는 데 편의를 제공하려는 것이어서 처분청이 위 규정에 따른 고지의무를 이행하지 아니하였다고 하더라도 그 때문에 심판의 대상이 되는 행정처분이 위법하다고 할 수는 없다(2017두66633).

046 · ×

처분기준을 공표하는 것이 해당 처분의 성질상 현저히 곤란하거나 공공의 안전 또는 복리를 현저히 해치는 것으로 인정될 만한 상당한 이유가 있는 경우에는 처분기준을 공표하지 아니할 수 있다(행정절차법 제20조 제3항).

047 · ×

행정청은 처분에 오기·오산 기타 이에 준하는 명백한 잘못이 있는 때에는 직권 또는 신청에 의하여 지체없이 정정하고 이를 당사자에게 통지하여야 한다(행정절차법 제25조).

048 · ×

행정청은 신청인의 편의를 위하여 다른 행정청에 신청을 접수하게 할 수 있다(행정절차법 제17조 제7항).

049 · ○

행정절차법 제18조

050 · ×

처분을 신청할 때 전자문서로 하는 경우에는 행정청의 컴퓨터 등에 입력된 때에 신청한 것으로 본다(행정절차법 제17조 제2항).

051 · ○

행정절차법 제41조 제1항 제2호

052 · ○

행정절차법 제43조

053 · ○

행정절차법 제44조 제1항

054 · ○

행정절차법 제41조 제5항

055 · ×

입법내용이 국민의 권리·의무 또는 일상생활과 관련이 없는 경우에는 입법예고를 하지 아니할 수 있다(행정절차법 제41조 제1항 제3호).

056 · ○

행정절차법 제42조 제5항

057 · ×

행정절차법에는 행정지도에 관한 개념과 기본원칙 그리고 절차에 관한 규정이 있다.

058 · ×

공개될 경우 부동산 투기, 매점매석 등으로 특정인에게 이익 또는 불이익을 줄 우려가 있다고 인정되는 정보는 비공개할 수 있다(정보공개법 제9조 제1항 제8호).

059 · ○

정보공개법 제11조 제1항

060 · ○

정보공개법 제11조 제3항

061 · ○

정보공개법 제21조 제1항

062 · ○

정보공개법 제21조 제2항

063 · ○

정보공개법 제13조 제2항

064 · ○

공개청구의 대상이 되는 정보란 공공기관이 직무상 작성 또는 취득하여 현재 보유·관리하고 있는 문서에 한정되는 것이기는 하나, 그 문서가 반드시 원본일 필요는 없다(2006누3049).

065 · ○

정보공개법 제5조 제1항

066 · ○

"모든 국민은 정보의 공개를 청구할 권리를 가진다."고 규정하고 있는데, 여기에서 말하는 국민에는 자연인은 물론 법인, 권리능력 없는 사단·재단도 포함되고, 법인, 권리능력 없는 사단·재단 등의 경우에는 설립목적을 불문한다(2003두8050).

067 · ×

국내에 일정한 주소를 두고 거주하거나 학술·연구를 위하여 일시적으로 체류하는 외국인은 정보의 공개를 청구할 권리를 가진다(정보공개법 제5조 제2항, 정보공개법 시행령 제3조).

068 · ○

공공기관이 공개청구의 대상이 된 정보를 공개는 하되, 청구인이 신청한 공개방법 이외의 방법으로 공개하기로 하는 결정을 하였다면, 이는 정보공개청구 중 정보공개 방법에 관한 부분에 대하여 일부 거부처분을 한 것이고, 청구인은 그에 대하여 항고소송으로 다툴 수 있다(2016두44674).

069 · ○

교육의 공공성 및 공·사립학교의 동질성 등의 이유로 사립학교도 정보공개의무를 지는 공공기관이다(2004두2783).

070 · ○

정보의 공개를 청구하는 자는 해당 정보를 보유하거나 관리하고 있는 공공기관에 정보공개 청구서를 제출하거나 말로써 정보의 공개를 청구할 수 있다(정보공개법 제10조 제1항).

071 · ✕

공개청구자는 그가 공개를 구하는 정보를 공공기관이 보유·관리하고 있을 상당한 개연성이 있다는 점에 대하여 입증할 책임이 있으나, 공개를 구하는 정보를 공공기관이 한때 보유·관리하였으나 후에 그 정보가 담긴 문서들이 폐기되어 존재하지 않게 된 것이라면 그 정보를 더 이상 보유·관리하고 있지 않다는 점에 대한 증명책임은 공공기관에 있다(2010두18918).

072 · ✕

오로지 담당공무원을 괴롭힐 목적으로 행사하는 정보공개청구라면 그러한 정보공개청구는 권리의 남용에 해당한다.

073 · ○

오로지 담당공무원을 괴롭힐 목적으로 행사하는 정보공개청구라면 그러한 정보공개청구는 권리의 남용에 해당하므로 정보공개를 거부할 수는 있다.

074 · ○

공개청구자가 특정한 바와 같은 정보를 공공기관이 보유·관리하고 있지 않은 경우라면 특별한 사정이 없는 한 해당 정보에 대한 공개거부처분에 대하여는 취소를 구할 법률상 이익이 없다(2010두18918).

075 · ✕

정보공개청구권은 헌법의 제21조에서 직접 파생하는 구체적이고 현실적인 권리이므로 이해관련성 유무를 불문하고 헌법상의 기본권으로 보장된다.

076 · ○

정보공개거부결정에 대해서는 이의신청이나 행정심판을 거치지 아니하고 행정소송을 제기할 수 있다.

077 · ✕

청구인은 공공기관의 비공개 결정에 대하여 불복이 있는 경우 이의신청 절차를 거치지 아니하고 행정심판을 청구할 수 있다(정보공개법 제19조 제2항).

078 · ✕

비공개결정에 대해 이의신청을 거친 경우에도 행정심판을 제기할 수 있다.

079 · ✕

공공기관이 정보공개청구를 받은 날부터 20일이 경과하도록 공개 여부를 결정하지 않은 때에는 아무런 결정이 없는 부작위에 해당한다.

080 · ○

정보공개법 제18조 제1항

081 · ○

정보공개법 제18조 제3항

082 · ✕

공개 청구한 정보가 비공개대상인 부분과 공개 가능한 부분이 혼합되어 있는 경우로서 공개 청구의 취지에 어긋나지 아니하는 범위에서 부분을 분리할 수 있는 경우에는 비공개대상인 부분을 제외하고 공개하여야 한다(정보공개법 제14조).

083 · ○

공개 청구한 정보가 비공개대상인 부분과 공개 가능한 부분이 혼합되어 있는 경우로서 공개 청구의 취지에 어긋나지 아니하는 범위에서 부분을 분리할 수 있는 경우에는 비공개대상인 부분을 제외하고 공개하여야 한다(정보공개법 제14조).

084 · ○

국민으로부터 보유·관리하는 정보에 대한 공개를 요구받은 공공기관으로서는 이를 거부하는 경우라 할지라도 대상이 된 정보의 내용을 구체적으로 확인·검토하여 어느 부분이 어떠한 법익 또는 기본권과 충돌되어 비공개사유에 해당하는지를 주장·입증하여야만 할 것이며, 그에 이르지 아니한 채 개괄적인 사유만을 들어 공개를 거부하는 것은 허용되지 아니한다(2001두8827).

085 ∙ ○

인터넷검색 등을 통하여 쉽게 알 수 있다는 사정만으로는 비공개결정이 정당화될 수 없다(2008두13101).

086 ∙ ×

'진행 중인 재판에 관련된 정보'에 해당한다는 사유로 정보공개를 거부하기 위하여는 반드시 그 정보가 진행 중인 재판의 소송기록 자체에 포함된 내용일 필요는 없다. 그러나 재판에 관련된 일체의 정보가 그에 해당하는 것은 아니고 진행 중인 재판의 심리 또는 재판결과에 구체적으로 영향을 미칠 위험이 있는 정보에 한정된다고 보는 것이 타당하다(2009두19021).

087 ∙ ○

정보공개청구권은 법률상 보호되는 구체적인 권리이므로 청구인이 공공기관에 대하여 정보공개를 청구하였다가 거부처분을 받은 것 자체가 법률상 이익의 침해에 해당한다(2003두8050).

088 ∙ ○

공공기관의 정보공개에 관한 법률 제10조 제1항 제2호는 정보의 공개를 청구하는 자는 정보공개청구서에 '공개를 청구하는 정보의 내용' 등을 기재할 것을 규정하고 있는바, 청구대상정보를 기재함에 있어서는 사회일반인의 관점에서 청구대상정보의 내용과 범위를 확정할 수 있을 정도로 특정함을 요한다(2007두2555).

089 ∙ ×

비공개대상정보에 해당하지 않는 한 공공기관이 보유·관리하는 정보는 공개 대상이 된다고 규정하고 있을 뿐(제9조 제1항) 정보공개청구권자가 공개를 청구하는 정보와 어떤 관련성을 가질 것을 요구하거나 정보공개청구의 목적에 특별한 제한을 두고 있지 아니하므로 정보공개청구권자의 권리구제 가능성 등은 정보의 공개 여부 결정에 아무런 영향을 미치지 못한다(2017두44558).

090 ∙ ○

법인이 거래하는 금융기관의 계좌번호에 관한 정보는 법인의 영업상 비밀에 관한 사항으로서 비공개 대상 정보에 해당한다(2003두8302).

091 ∙ ○

학교폭력대책자치위원회의 회의록은 공공기관의 정보공개에 관한 법률 제9조 제1항 제5호의 '공개될 경우 업무의 공정한 수행에 현저한 지장을 초래한다고 인정할 만한 상당한 이유가 있는 정보'에 해당한다(2010두2913).

092 ∙ ○

의사결정과정에 제공된 회의관련자료나 의사결정과정이 기록된 회의록 등은 의사가 결정되거나 의사가 집행된 경우에는 더 이상 의사결정과정에 있는 사항 그 자체라고는 할 수 없으나, 의사결정과정에 있는 사항에 준하는 사항으로서 비공개대상정보에 포함될 수 있다(2002두12946).

093 ∙ ×

개인정보 보호법에서의 개인정보란 살아 있는 개인에 관한 정보를 의미한다. 따라서 법인의 정보는 개인정보 보호법의 보호대상이 아니다.

094 ∙ ×

사자(死者)의 정보는 개인정보 보호법의 보호대상이 아니다.

095 ∙ ×

개인정보처리자는 정보주체의 동의를 받은 경우와 개인정보를 수집한 목적 범위에서 제공하는 경우에 해당하는 경우에만 정보주체의 개인정보를 제3자에게 제공할 수 있다(개인정보 보호법 제17조 제1항).

096 ∙ ×

정보주체는 개인정보처리자의 개인정보 보호법 위반 행위로 손해를 입으면 개인정보처리자에게 손해배상을 청구할 수 있다. 이 경우 그 개인정보처리자는 고의 또는 과실이 없음을 입증하지 아니하면 책임을 면할 수 없다(개인정보 보호법 제39조 제1항). 따라서 무과실책임이 아니다.

097 ∙ ○

단체소송을 제기하는 단체는 법원의 허가를 받아야 한다(개인정보 보호법 제54조, 제55조).

098 ∙ ○

개인정보 보호법 제3조 제2항

099 · O

개인정보 보호법 제3조 제3항

100 · O

개인정보 보호법 제3조 제6항

101 · O

개인정보 보호법 제3조 제5항

102 · ×

개인정보처리자는 개인정보를 익명 또는 가명으로 처리하여도 개인정보 수집목적을 달성할 수 있는 경우 익명처리가 가능한 경우에는 익명에 의하여, 익명처리로 목적을 달성할 수 없는 경우에는 가명에 의하여 처리될 수 있도록 하여야 한다(개인정보 보호법 제3조 제7항).

PART 04 행정의 실효성 확보수단   p.85

001 · O

행정대집행법 제3조 제1항. 구두에 의한 계고는 무효이다.

002 · ×

의무자가 동의한 경우에는 행정청은 해가 뜨기 전이나 해가 진 후에도 대집행을 할 수 있다(행정대집행법 제4조 제1항 제1호).

003 · ×

해가 지기 전에 대집행을 착수한 경우에는 행정청은 해가 뜨기 전이나 해가 진 후에도 대집행을 할 수 있다(행정대집행법 제4조 제1항 제2호).

004 · ×

대집행에 요한 비용은 국세징수법의 예에 의하여 징수할 수 있다(행정대집행법 제6조 제1항).

005 · O

행정대집행법 제6조 제2항

006 · ×

대집행에 대하여는 행정심판을 제기할 수 있다(행정대집행법 제7조).

007 · O

008 · O

009 · O

010 · O

011 · ×

도시공원시설 점유자의 퇴거 및 명도의무는 대체적 작위의무가 아니므로 대집행의 대상이 아니다.

012 · O

013 · O

014 · ×

대집행의 요건에는 1) 공법상 대체적 작위의무의 불이행, 2) 다른 수단으로는 그 이행확보가 곤란할 것, 3) 의무의 불이행을 방치할 경우 심히 공익을 해할 것이 있다. 행정대집행법은 행정처분의 불가쟁력의 발생을 대집행실행의 요건으로 두고 있지 않다.

015 · ×

행정청이 행정대집행의 방법으로 건물철거의무의 이행을 실현할 수 있는 경우에는 건물철거 대집행 과정에서 부수적으로 건물의 점유자들에 대한 퇴거 조치를 할 수 있다(2016다213916).

016 · ○

017 · ×

대집행영장에 의한 통지는 준법률적 행정행위로서 힝고소송의 대상으로서의 처분성이 인정된다.

018 · ×

계고처분과 대집행영장통지, 실행, 비용납부명령 사이에는 하자가 승계된다. 따라서 선행처분인 계고처분의 위법을 이유로 대집행영장발부통보처분이 위법하다는 주장을 할 수 있다.

019 · ○

계고처분의 후속절차인 대집행에 위법이 있다고 하더라도, 그와 같은 후속절차에 위법성이 있다는 점을 들어 선행절차인 계고처분이 부적법하다는 사유로 삼을 수는 없다(96누15428).

020 · ×

반복된 계고의 경우 제1차 계고만 처분성을 가진다. 제2차 · 제3차 계고는 새로운 철거의무를 부과한 것이 아니고 대집행 기한의 연기 통지에 불과하다.

021 · ○

의무부과와 계고의 결합도 가능하다.

022 · ○

023 · ×

이행강제금은 행정상 간접강제의 일종인 이른바 침익적 행정행위에 속하므로 법률로써 엄격하게 정해져야 한다(98헌가8).

024 · ×

건축법상 이행강제금은 반복하여 부과할 수 있다(처벌이 아니므로 일사부재리원칙이 적용되지 않는다).

025 · ○

이행강제금 납부의무는 상속인 기타의 사람에게 승계될 수 없는 일신전속적인 성질의 것이므로 이미 사망한 사람에게 이행강제금을 부과하는 내용의 처분이나 결정은 당연무효이다(2006마470).

026 · ×

대체적 작위의무의 위반에 대한 이행강제수단으로 대집행과 이행강제금을 선택적으로 활용할 수 있다.

027 · ○

현행 건축법상 위법건축물에 대한 이행강제수단으로 대집행과 이행강제금을 인정하고 있으며, 행정청은 개별사건에 있어서 대집행과 이행강제금을 선택적으로 활용할 수 있다(2001헌바80).

028 · ○

시정명령을 이행할 수 있는 기회를 준 후가 아니면 이행강제금을 부과할 수 없다(2010두3978).

029 · ○

이행강제금과 행정벌은 병과하여 부과할 수 있다(이중처벌이 아니다).

030 · ×

건축법상 이행강제금 부과처분은 행정행위이므로 항고소송으로 다툴 수 있다.

031 · ○

행정기본법 제31조 제6항

032 · ○

행정기본법 제31조 제2항 제1호

033 ・ ○

행정기본법 제31조 제3항

034 ・ ×

체납자 등은 자신에 대한 공매통지의 하자만을 공매처분의 위법사유로 주장할 수 있을 뿐 다른 권리자에 대한 공매통지의 하자를 들어 공매처분의 위법사유로 주장하는 것은 허용되지 않는다(2007두18154 전원합의체).

035 ・ ○

독촉과 압류・매각・청산(강제징수)의 일련의 절차는 모두 결합하여 하나의 법률효과를 완성하는 관계이므로 하자의 승계가 인정된다.

036 ・ ○

위헌결정 이전에 택지초과소유부담금 부과처분 압류처분 및 이에 기한 압류등기가 이루어지고 위의 각 처분이 확정된 경우, 그 위헌결정 이후에 후속 체납처분절차를 진행할 수 없다(2001두2959).

037 ・ ○

행정기본법 제30조 제1항 제3호

038 ・ ×

직접강제란 의무자가 행정상 의무를 이행하지 아니하는 경우 행정청이 의무자의 신체나 재산에 실력을 행사하여 그 행정상 의무의 이행이 있었던 것과 같은 상태를 실현하는 것을 말한다. 지문은 즉시강제에 해당한다.

039 ・ ×

직접강제는 행정대집행이나 이행강제금 부과의 방법으로는 행정상 의무 이행을 확보할 수 없거나 그 실현이 불가능한 경우에 실시하여야 한다(행정기본법 제32조 제1항).

040 ・ ○

형사(刑事), 행형(行刑) 및 보안처분 관계 법령에 따라 행하는 사항이나 외국인의 출입국・난민인정・귀화・국적회복에 관한 사항에 관하여는 이 절을 적용하지 아니한다(행정기본법 제30조 제3항).

041 ・ ○

행정조사기본법 제25조 제1항

042 ・ ○

행정조사기본법 제4조 제4항

043 ・ ○

행정조사기본법 제4조 제3항

044 ・ ○

행정조사기본법 제20조 제1항

045 ・ ×

과태료의 부과・징수, 재판 및 집행 등의 절차에 관한 다른 법률의 규정 중 이 법의 규정에 저촉되는 것은 이 법으로 정하는 바에 따른다(질서위반행위규제법 제5조).

046 ・ ○

질서위반행위규제법 제2조 제1호 나목

047 ・ ×

질서위반행위의 성립과 과태료 처분은 행위 시의 법률에 따른다(질서위반행위규제법 제3조 제1항).

048 ・ ○

질서위반행위규제법 제3조 제2항

049 ・ ○

질서위반행위규제법 제4조 제3항

050 ・ ○

질서위반행위규제법 제4조 제2항

051 ・ ○

질서위반행위규제법 제6조

052 ・ ×

과태료에는 질서위반행위규제법이 적용된다.

053 ・ ○

고의 또는 과실이 없는 질서위반행위는 과태료를 부과하지 아니한다(질서위반행위규제법 제7조). 따라서 책임주의 원칙이 적용된다.

054 · ×

질서위반행위규제법 제7조

055 · ×

14세가 되지 아니한 자의 질서위반행위는 과태료를 부과
하지 아니한다(질서위반행위규제법 제9조).

056 · ×

하나의 행위가 2 이상의 질서위반행위에 해당하는 경우
에는 각 질서위반행위에 대하여 정한 과태료 중 가장 중한
과태료를 부과한다(질서위반행위규제법 제13조 제1항).

057 · ○

질서위반행위규제법 제12조 제1항

058 · ×

신분에 의하여 성립하는 질서위반행위에 신분이 없는
자가 가담한 때에는 신분이 없는 자에 대하여도 질서위
반행위가 성립한다(질서위반행위규제법 제12조 제2항).

059 · ○

질서위반행위규제법 제15조 제1항

060 · ○

질서위반행위규제법 제16조 제1항

061 · ×

별도의 불복절차(과태료 재판)가 있는 과태료부과는 행정
소송의 대상이 되는 처분이 아니다.

062 · ○

질서위반행위규제법 제20조 제2항

063 · ○

질서위반행위규제법 제38조 제1항

064 · ○

질서위반행위규제법 제42조 제1항

065 · ○

066 · ×

종업원의 범죄성립이나 처벌이 영업주 처벌의 전제조건이
아니다(2005도7673).

067 · ×

통고처분을 받은 자가 이에 불복하여 통고된 내용을 이행
하지 않으면 통고처분은 효력을 잃고, 형사재판에서 통고
처분의 위법 여부를 다툴 수 있기 때문에 통고처분은 행
정쟁송의 대상인 처분이 아니다(95누4674).

068 · ×

과징금은 불이익한 처분으로서 행정절차법상 절차를 준
수하여야 한다.

069 · ○

070 · ○

과싱금부과처분은 행정목적의 달성을 위하여 행전법규
위반이라는 객관적 사실에 착안하여 가하는 제재이므로
반드시 현실적인 행위자가 아니라도 법령상 책임자로 규
정된 자에게 부과할 수 있다(2013두5005).

071 · ×

과징금은 원칙적으로 위반자의 고의 또는 과실을 요하지
않는다.

072 · ○

과징금은 형사처벌에 해당하지 않는다.

073 · ○

위반행위의 종류와 금액을 열거하지 않은 위반행위에 대
해서 사업정지처분을 갈음하여 과징금을 부과하는 것은
허용되지 않는다(2017두73693).

PART 05   행정구제   p.100

001 · ○

002 · ×

공무원은 조직법상의 의미뿐만 아니라 기능적 의미까지 포함한다. 따라서 국가공무원법·지방공무원법상의 공무원뿐만 아니라 널리 공무를 위탁받아 그에 종사하는 모든 자를 포함한다.

003 · ○

직무행위에는 법률행위적 행정행위, 준법률행위적 행정행위, 사실행위, 재량행위, 입법작용 및 사법작용도 모두 포함된다.

004 · ○

국가배상법이 정한 배상청구의 요건인 공무원의 직무에는 권력적 작용만이 아니라 행정지도와 같은 비권력적 작용도 포함되며, 단지 행정주체가 사경제주체로서 하는 활동만 제외된다.

005 · ○

006 · ○

007 · ○

008 · ○

009 · ×

국가배상의 대상이 되는 손해는 적극적 손해, 소극적 손해, 정신적 손해, 생명·신체·재산에 대한 손해 등 모든 손해를 포함한다.

010 · ×

공무원이 직무수행 중 불법행위로 타인에게 손해를 입힌 경우에 국가 등이 국가배상책임을 부담하는 외에 공무원 개인도 고의 또는 중과실이 있는 경우에는 불법행위로 인한 손해배상책임을 진다고 할 것이지만, 공무원에게 경과실뿐인 경우에는 공무원 개인은 손해배상책임을 부담하지 아니한다(95다38677).

011 · ○

공무원에게 고의 또는 중대한 과실이 있으면 국가나 지방자치단체는 그 공무원에게 구상(求償)할 수 있다(국가배상법 제2조 제2항).

012 · ○

013 · ×

공무원이 재량준칙에 따라 처분을 한 경우에는 시행규칙에 정하여진 행정처분의 기준에 따른 것인 이상 결과적으로 그 처분이 재량을 일탈·남용하여 위법하게 되었다고 하더라도 과실이 없다(94다26141).

014 · ×

행정처분이 후에 항고소송에서 취소되었다고 할지라도 그 행정처분이 곧바로 공무원의 고의 또는 과실로 인한 것으로서 불법행위를 구성한다고 단정할 수는 없다(99다70600).

015 · ×

행정처분이 후에 항고소송에서 취소되었다고 할지라도 그 행정처분이 곧바로 공무원의 고의 또는 과실로 인한 것으로서 불법행위를 구성한다고 단정할 수는 없다(99다70600).

016 · ○

배상청구권 중 생명·신체의 침해로 인한 국가배상을 받을 권리는 양도하거나 압류하지 못한다. 다만, 배상청구권 중 재산의 침해로 인한 국가배상을 받을 권리는 양도하거나 압류할 수 있다.

017 · ○

018 · ○

국가배상법 제5조의 배상책임은 무과실책임이다.

019 · ○

020 · ○

국가배상법 제7조

021 · ○

022 ㆍ O

023 ㆍ O

국가배상법 제6조 제1항

024 ㆍ ✕

국가나 지방자치단체가 손해를 배상할 책임이 있는 경우에 공무원의 선임ㆍ감독 또는 영조물의 설치ㆍ관리를 맡은 자와 비용을 부담하는 자가 동일하지 아니하면 그 비용을 부담하는 자도 손해를 배상하여야 한다(국가배상법 제6조 제1항).

025 ㆍ O

026 ㆍ ✕

공익근무요원이 국가배상법 제2조 제1항 단서의 규정에 의하여 국가배상법상 손해배싱청구가 제한되는 군인ㆍ군무원ㆍ경찰공무원 또는 향토예비군대원에 해당한다고 할 수 없다(97다4036).

027 ㆍ O

028 ㆍ O

029 ㆍ ✕

국가공무원이 자신의 승용차를 운전하여 공무수행 중 사람을 치어 사망케 했다면 공무원은 자동차손해배상 보장법상 운행자로서 배상책임을 지며, 국가는 국가배상법상 책임을 진다.

030 ㆍ O

국가배상법 제9조

031 ㆍ O

토지보상법 제61조

032 ㆍ O

토지보상법 제63조 제1항

033 ㆍ O

토지보상법 제64조

034 ㆍ O

토지보상법 제65조

035 ㆍ O

토지보상법 제67조 제1항

036 ㆍ ✕

보상액을 산정할 경우에 해당 공익사업으로 인하여 토지 등의 가격이 변동되었을 때에는 이를 고려하지 아니한다(토지보상법 제67조 제2항).

037 ㆍ O

무효인 선행처분에 근거한 후행처분은 당연무효이다.

038 ㆍ ✕

이의신청을 거치지 않고 바로 수용재결에 대한 행정소송이 가능하다.

039 ㆍ O

토지보상법 제88조

040 ㆍ O

토지보상법 제85조 제1항

041 ㆍ O

토지보상법 제85조 제2항

042 ㆍ O

지방토지수용위원회의 재결에 이의가 있는 자는 해당 지방토지수용위원회를 거쳐 중앙토지수용위원회에 이의를 신청할 수 있다(토지보상법 제83조 제2항).

043 ㆍ O

044 ㆍ ✕

사업인정은 고시한 날부터 그 효력이 발생한다(토지보상법 제22조 제3항).

045 ㆍ ✕

수용재결은 원처분이고, 수용재결에 대한 이의신청으로 인한 이의재결은 행정심판법상 재결에 해당한다.

046 · ×

수용재결에 불복하여 취소소송을 제기하는 때에는 이의신청을 거친 경우에도 수용재결을 한 중앙토지수용위원회 또는 지방토지수용위원회를 피고로 하여 수용재결의 취소를 구하여야 하고, 다만 이의신청에 대한 재결 자체에 고유한 위법이 있음을 이유로 하는 경우에는 그 이의재결을 한 중앙토지수용위원회를 피고로 하여 이의재결의 취소를 구할 수 있다고 보아야 한다(2008두1504).

047 · ×

이의재결에 대하여 불복하는 행정소송을 제기하는 경우, 이것이 보상금의 증감에 관한 소송인 때에는 사업시행자를 상대로 보상금의 지급을 구하는 공법상의 당사자소송이다(91누285).

048 · ×

공용수용도 최소침해의 원칙(비례의 원칙)이 적용된다.

049 · ×

사업인정은 사업시행자에게 해당 사업의 토지를 수용할 수 있도록 하는 형성행위로서 특허에 해당한다.

050 · ○

사업인정단계에서의 하자를 다투지 아니하여 이미 쟁송기간이 도과한 수용재결단계에 있어서는 위 사업인정처분에 중대하고 명백한 하자가 있어 당연무효라고 볼 만한 특단의 사정이 없다면 그 처분의 불가쟁력에 의하여 사업인정처분의 위법, 부당함을 이유로 수용재결처분의 취소를 구할 수 없다(87누395).

051 · ×

사업시행자가 사업인정고시가 된 날부터 1년 이내에 재결신청을 하지 아니한 경우에는 사업인정고시가 된 날부터 1년이 되는 날의 다음 날에 사업인정은 그 효력을 상실한다(토지보상법 제23조 제1항).

052 · ○

사업인정은 일정한 절차를 거칠 것을 조건으로 하여 일정한 내용의 수용권을 설정해주는 행정처분의 성격을 띠는 것으로서 그 사업인정을 받음으로써 일종의 공법상의 권리로서의 효력을 발생시킨다(87누395).

053 · ×

토지수용위원회의 수용재결은 행정심판의 재결이 아니라 최초의 처분에 해당한다.

054 · ○

055 · ○

동일한 소유자에게 속하는 일단의 토지의 일부가 협의에 의하여 매수되거나 수용됨으로 인하여 잔여지를 종래의 목적에 사용하는 것이 현저히 곤란할 때에는 해당 토지소유자는 사업시행자에게 잔여지를 매수하여 줄 것을 청구할 수 있으며, 사업인정 이후에는 관할 토지수용위원회에 수용을 청구할 수 있다. 이 경우 수용의 청구는 매수에 관한 협의가 성립되지 아니한 경우에만 할 수 있으며, 그 사업의 공사완료일까지 하여야 한다(토지보상법 제74조 제1항).

056 · ×

이주자는 이주대책계획수립공고에 따라 이주대책 대상자 선정 신청을 하며, 사업시행자가 심사를 통해 이주대책 대상자로 확인·결정을 하여야 비로소 구체적인 수분양권을 가진다. 따라서 사업시행자의 이주대책 대상자 확인·결정은 항고소송의 대상이 되는 처분이다.

057 · ○

토지보상법 시행규칙 제64조 제1항

058 · ○

059 · ○

토지수용위원회의 수용재결에 대한 이의절차는 실질적으로 행정심판의 성질을 갖는 것이므로 토지수용법에 특별한 규정이 있는 것을 제외하고는 행정심판법의 규정이 적용된다.

060 · ×

사업시행자는 사용의 개시일에 토지나 물건의 사용권을 취득하며, 그 토지나 물건에 관한 다른 권리는 사용 기간 중에는 행사하지 못한다(토지보상법 제45조 제2항).

PART 06 행정쟁송 p.122

001 ⋅ ×

청구인적격이 없는 자가 제기한 행정심판은 요건심리 절차에서 각하한다.

002 ⋅ ×

행정심판은 행정청의 위법·부당한 처분과 부작위를 대상으로 한다(행정심판법 제3조 제1항).

003 ⋅ ○

행정심판법 제3조 제2항

004 ⋅ ○

005 ⋅ ×

심판청구에 대한 재결이 있으면 그 재결 및 같은 처분 또는 부작위에 대하여 다시 행정심판을 청구할 수 없다.

006 ⋅ ×

행정심판을 청구하려는 자는 심판청구서를 작성하여 피청구인이나 위원회에 제출하여야 한다(행정심판법 제23조 제1항).

007 ⋅ ○

행정심판법 제2조 제2호

008 ⋅ ×

심판청구의 기간의 규정은 무효등확인심판청구와 부작위에 대한 의무이행심판청구에는 적용하지 아니한다(행정심판법 제27조 제7항).

009 ⋅ ×

법인이 아닌 사단 또는 재단으로서 대표자나 관리인이 정하여져 있는 경우에는 그 사단이나 재단의 이름으로 심판청구를 할 수 있다(행정심판법 제14조).

010 ⋅ ○

011 ⋅ ○

012 ⋅ ×

감사원의 처분에 대한 행정심판의 청구는 감사원 소속 위원회에서 심리·재결한다.

013 ⋅ ○

재결의 기속력은 재결의 주문 및 그 전제가 된 요건사실의 인정과 판단, 즉 처분 등의 구체적 위법사유에 관한 판단에만 미친다고 할 것이고, 종전 처분이 재결에 의하여 취소되었다 하더라도 종전 처분시와는 다른 사유를 들어서 처분을 하는 것은 기속력에 저촉되지 않는다(2003두7705).

014 ⋅ ×

행정심판은 처분이 있음을 알게 된 날부터 90일 이내에 청구하여야 한다(행정심판법 제27조 제1항).

015 ⋅ ○

행정심판법 제18조의2 제1항

016 ⋅ ○

행정심판법 제15조 제1항

017 ⋅ ○

행정심판법 제13조 제3항

018 ⋅ ○

신청에 대한 행정청의 거부처분에 대하여 당사자는 거부처분 취소심판이나 의무이행심판을 제기할 수 있다.

019 ⋅ ○

020 ⋅ ○

021 ⋅ ○

022 ⋅ ○

023 ⋅ ×

행정심판청구에 대한 재결이 행정청과 그 밖의 관계 행정청을 기속하는 효력은 당해 처분에 관하여 재결주문 및 그 전제가 된 요건사실의 인정과 판단에만 미치고 이와 직접 관계가 없는 다른 처분에 대하여는 미치지 아니한다(96누13972).

024 ⋅ ×

위원회는 당사자의 권리 및 권한의 범위에서 당사자의 동의를 받아 심판청구의 신속하고 공정한 해결을 위하여 조정을 할 수 있다(행정심판법 제43조의2 제1항).

025 ・ ○

행정심판법 제44조 제1항

026 ・ ✕

임시처분은 집행정지로 목적을 달성할 수 있는 경우에는 허용되지 아니한다(행정심판법 제31조 제3항).

027 ・ ✕

행정심판법상 집행정지와 임시처분은 당사자의 신청에 의한 경우는 물론 직권에 의해서도 가능하다(행정심판법 제30조 제2항, 제31조 제1항).

028 ・ ✕

행정청이 심판청구기간을 법정기간보다 긴 기간으로 잘못 알린 경우 그 잘못 알린 기간에 심판청구가 있으면 그 행정심판은 법정기간에 청구된 것으로 본다(행정심판법 제27조 제5항). 따라서 심판청구기간은 행정청이 잘못 알린 법정기간보다 긴 기간이 된다.

029 ・ ✕

위원회는 심판청구의 대상이 되는 처분보다 청구인에게 불리한 재결을 하지 못한다(행정심판법 제47조 제2항).

030 ・ ✕

행정심판법은 심판 종류로 취소심판, 무효등확인심판, 의무이행심판을 규정하고 있다. 당사자심판은 규정되어 있지 않다.

031 ・ ○

행정심판법 제39조

032 ・ ○

취소심판의 인용재결은 취소재결, 변경재결, 변경명령재결이다.

033 ・ ○

행정심판법 제46조 제1항

034 ・ ○

행정심판법 제48조 제2항

035 ・ ○

행정심판법 제43조 제1항

036 ・ ✕

행정심판위원회는 의무이행심판의 인용재결인 처분명령재결인 경우에만 직접처분을 할 수 있다.

037 ・ ✕

위원회는 처분의 이행을 명하는 재결에도 불구하고 처분을 하지 아니하는 경우에는 당사자가 신청하면 기간을 정하여 서면으로 시정을 명하고 그 기간에 이행하지 아니하면 직접처분을 할 수 있다(행정심판법 제50조 제1항).

038 ・ ✕

위원회는 사정의 변경이 있는 경우에는 당사자의 신청에 의하여 간접강제 결정의 내용을 변경할 수 있다(행정심판법 제50조의2 제2항).

039 ・ ○

행정심판법 제50조의2 제4항

040 ・ ✕

간접강제 결정에 기초한 강제집행에 관하여 이 법에 특별한 규정이 없는 사항에 대하여는 민사집행법의 규정을 준용한다(행정심판법 제50조의2 제6항).

041 ・ ✕

행정심판 재결은 행정심판위원회가 행하는 준사법적 작용이므로 불가변력이 인정된다.

042 ・ ✕

취소심판과 의무이행심판은 사정재결을 인정한다.

043 ・ ○

행정심판법 제44조 제3항

044 ・ ✕

무효등확인심판은 행정청의 처분의 효력 유무 또는 존재 여부를 확인하는 행정심판이다(행정심판법 제5조 제2호).

045 ・ ○

행정심판법 제43조 제5항

046 · ×

행정심판의 심리는 구술심리나 서면심리로 한다. 다만, 당사자가 구술심리를 신청한 경우에는 서면심리만으로 결정할 수 있다고 인정되는 경우 외에는 구술심리를 하여야 한다(행정심판법 제40조 제1항).

047 · ×

행정처분의 취소를 구하는 항고소송에서 처분청은 당초 처분의 근거로 삼은 사유와 기본적 사실관계가 동일성이 있다고 인정되는 한도 내에서만 다른 사유를 추가 또는 변경할 수 있다. 그리고 이러한 법리는 행정심판 단계에서도 그대로 적용된다(2013두26118).

048 · ○

049 · ○

050 · ×

행정소송법 제18조 제1항

051 · ×

행정소송에 대한 대법원 판결에 의하여 명령·규칙이 헌법 또는 법률에 위반된다는 것이 확정된 경우에는 대법원은 지체 없이 그 사유를 행정안전부장관에게 통보하여야 한다.

052 · ○

053 · ×

처분등을 취소하는 판결에 의하여 권리 또는 이익의 침해를 받은 제3자는 자기에게 책임없는 사유로 소송에 참가하지 못함으로써 판결의 결과에 영향을 미칠 공격 또는 방어방법을 제출하지 못한 때에는 이를 이유로 확정된 종국판결에 대하여 재심의 청구를 할 수 있다(행정소송법 제31조 제1항).

054 · ○

당사자소송에 대하여는 집행정지에 관한 규정이 준용되지 아니하므로 민사집행법상 가처분에 관한 규정이 준용되어야 한다(2015무26).

055 · ○

행정소송법 제38조 제2항 및 제44조

056 · ×

당사자소송은 행정소송법을 근거로 하여 인정된다. 따라서 개별법의 근거가 없어도 당사자소송을 인정한다. 그러나 형식적 당사자소송은 개별법에서 인정하고 있을 때에 한하여 인정한다.

057 · ×

당사자소송도 행정청 및 제3자의 소송참가가 허용된다.

058 · ×

당사자소송은 국가·공공단체 그 밖의 권리주체를 피고로 한다.

059 · ○

060 · ×

지방전문직공무원 채용계약의 해지에 대한 불복은 당사자소송이다.

061 · ×

당사자소송은 원칙적으로 제소기간의 제한이 없다.

062 · ×

피고적격, 행정심판전치주의, 취소소송의 대상, 제소기간, 집행정지, 사정판결, 대세효(제3자효), 재심청구, 간접강제에 관한 규정은 당사자소송에는 준용되지 않는다. 그러나 행정심판기록의 제출명령에 관한 규정은 당사자소송에 준용된다.

063 · ×

주민소송은 객관적 소송(민중소송)에 해당한다.

064 · ○

현행 행정소송법은 취소소송 중심으로 규정하고 그 외의 소송은 취소소송 규정을 준용한다.

065 · ○

066 · ○

067 · ×

행정처분에 대한 무효확인과 취소청구는 서로 양립할 수 없는 청구이기 때문에 예비적 병합은 가능하지만, 선택적 병합이나 단순 병합은 허용되지 아니한다.

068 · ×

관련청구소송을 취소소송에 병합하는 경우에 취소소송은 그 자체로 적법한 소송요건을 갖추고 있어야 한다. 따라서 법원은 취소소송이 부적법하다면 관련청구소송에 대하여 본안판결을 내릴 수 없다.

069 · ○

행정소송 사건에서 참가인이 한 보조참가가 행정소송법 제16조가 규정한 제3자의 소송참가에 해당하지 않는 경우에도, 판결의 효력이 참가인에게까지 미치는 점 등 행정소송의 성질에 비추어 보면 그 참가는 민사소송법 제78조에 규정된 공동소송적 보조참가이다.

070 · ×

취소소송은 처분등의 취소를 구할 법률상 이익이 있는 자가 제기할 수 있다(행정소송법 제12조).

071 · ○

행정소송법 제12조

072 · ×

처분 등을 취소하는 확정판결은 제3자에 대하여도 효력이 있다.

073 · ○

074 · ×

지방법무사회의 사무원 채용승인 거부처분 또는 채용승인 취소처분에 대해서는 처분 상대방인 법무사뿐만 아니라 그 때문에 사무원이 될 수 없게 된 사람도 이를 다툴 원고적격이 인정되어야 한다(2015다34444).

075 · ×

갑 회사에 대한 시외버스운송사업계획변경인가 처분으로 기존의 시외버스운송사업자인 을 회사의 노선 및 운행계통과 갑 회사의 노선 및 운행계통이 일부 같고, 기점 혹은 종점이 같거나 인근에 위치한 을 회사의 수익감소가 예상되므로, 기존의 시외버스운송사업자인 을 회사에 위 처분의 취소를 구할 법률상의 이익이 있다(2009두10512).

076 · ×

입주자나 입주예정자들은 사용검사처분의 무효확인을 받거나 처분을 취소하지 않고도 민사소송 등을 통하여 분양계약에 따른 법률관계 및 하자 등을 주장·증명함으로써 사업주체 등으로부터 하자의 제거·보완 등에 관한 권리구제를 받을 수 있으므로, 사용검사처분의 무효확인 또는 취소 여부에 의하여 법률적인 지위가 달라진다고 할 수 없으므로 입주자나 입주예정자는 사용검사처분의 무효확인 또는 취소를 구할 법률상 이익이 없다(2013두24976).

077 · ×

취소소송은 다른 법률에 특별한 규정이 없는 한 그 처분 등을 행한 행정청을 피고로 한다(행정소송법 제13조 제1항).

078 · ○

행정소송법 제13조 제1항

079 · ×

처분 등을 할 정당한 권한을 가진 행정청이 아니라 처분 등을 행한 명의 행정청이 피고적격을 갖는다.

080 · ○

합의제 행정청이 처분청인 경우에는 합의제 행정청이 피고가 된다(공정거래위원회, 중앙토지수용위원회, 감사원 등). 다만, 중앙노동위원회의 처분에 대한 소송에서 피고는 중앙노동위원회 위원장이다(노동위원회법 제27조 제1항).

081 · ×

조례에 대한 항고소송에서 행정청은 행정주체인 지방자치단체 또는 지방자치단체의 내부적 의결기관으로서 지방자치단체의 의사를 외부에 표시한 권한이 없는 지방의회가 아니라, 지방자치단체의 집행기관으로서 조례로서의 효력을 발생시키는 공포권이 있는 지방자치단체의 장이다(95누8003).

082 · ○

083 · ○

084 · ○

행정소송법 제14조 제1항

085 · ○

086 · ○

087 · ×

일반재산의 대부행위와 사용료 부과는 사법관계이다.

088 · ○

089 · ○

090 · ○

091 · ○

092 · ×

행정소송에서 심리의 기본원칙은 변론주의가 되지만 보충적으로 직권탐지주의가 적용된다.

093 · ×

집행정지는 공공복리에 중대한 영향을 미칠 우려가 있을 때에는 허용되지 아니한다(행정소송법 제23조 제3항).

094 · ×

취소소송의 제기는 처분등의 효력이나 그 집행 또는 절차의 속행에 영향을 주지 아니한다(행정소송법 제23조 제1항).

095 · ○

행정소송법 제23조 제2항

096 · ×

취소소송이 제기된 경우에 처분등이나 그 집행 또는 절차의 속행으로 인하여 생길 회복하기 어려운 손해를 예방하기 위하여 긴급한 필요가 있다고 인정할 때에는 본안이 계속되고 있는 법원은 당사자의 신청 또는 직권에 의하여 처분등의 효력이나 그 집행 또는 절차의 속행의 전부 또는 일부의 정지를 결정할 수 있다(행정소송법 제23조 제2항).

097 · ○

098 · ×

행정소송법은 회복하기 어려운 손해의 예방을 요건으로 한다. 반면 행정심판법은 중대한 손해의 예방을 요건으로 하고 있다.

099 · ○

행정소송법 제23조 제4항

100 · ×

거부처분은 집행정지의 대상이 아니다(95두26).

101 · ×

처분이 가분적이라면 처분의 일부에 대한 집행정지도 허용된다.

102 · ×

집행정지의 결정 또는 기각의 결정에 대하여는 즉시항고할 수 있다. 이 경우 집행정지의 결정에 대한 즉시항고에는 결정의 집행을 정지하는 효력이 없다(행정소송법 제23조 제5항).

103 · ○

104 · ○

105 · ×

거부처분의 취소판결의 취지에 따라 행정청이 처분을 하지 않는 경우, 당사자는 수소법원에 간접강제를 신청할 수 있다. 행정소송은 직접강제를 인정하지 않는다.

106 · ×

간접강제결정은 상고심법원이 아닌 제1심 수소법원이 한다(행정소송법 제34조 제1항).

107 · ○

사정판결이 가능하다.

108 · ○

109 · ○

당사자의 명백한 주장이 없더라도 법원은 기록에 나타난 사실을 기초로 하여 직권으로 사정판결을 할 수 있다.

110 · ○

사정판결은 위법성을 치유하는 것이 아니라 공익적 이유로 위법성을 지닌 채로 그 효력을 지속하는 것이다.

111 · ×

사정판결은 기각판결에 해당하지만 소송비용은 피고가 부담한다(행정소송법 제32조).

112 · ×

과세처분취소소송에서 적법하게 부과될 정당한 세액을 산출할 수 있다면 법원은 정당한 세액을 초과하는 부분만 취소할 수 있다.

113 · ×

처분을 취소하는 판결이 확정되면 판결의 취지에 따라 법률관계가 소급하여 발생·변경·소멸한다. 처분 등을 취소하는 확정판결은 제3자에 대하여도 효력이 있다.

114 · ×

거부처분이 취소된 경우 처분청은 재처분의무에 따른 처분을 하여야 하나, 반드시 원고가 신청한 대로 할 필요는 없다. 따라서 처분청은 도로점용허가를 발령할 수도 있지만, 도로점용허가 신청에 대하여 최초 거부처분과 다른 사유로 다시 거부처분을 할 수도 있다.

115 · ○

행정소송법 제4조 제2호

116 · ×

무효인 처분에 대하여 취소소송을 제기한 경우에도 취소소송의 요건을 모두 갖추었다면 법원은 이를 판단한다.

117 · ○

118 · ○

무효선언적 의미의 취소소송을 제기한 경우에는 취소소송의 소송요건을 준수하여야 한다(84누175).

119 · ×

무효등확인소송에는 취소소송과 달리 행정심판전치주의와 제소기간의 제한이 적용되지 않는다.

120 · ×

행정심판의 필요적 전치주의가 적용되는 경우에도 무효확인소송에는 필요적 전치주의가 적용되지 않는다.

121 · ○

당연무효를 선언하는 의미에서의 취소소송도 취소소송에 해당하므로 취소소송의 요건을 준수하여야 한다.

122 · ○

'무효확인을 구할 법률상 이익'이 있는지를 판단할 때 무효확인소송의 보충성이 요구되는 것은 아니므로 행정처분의 무효를 전제로 한 이행소송 등과 같은 직접적인 구제수단이 있는지를 따질 필요가 없다(2007두6342 전원합의체).

123 · ×

무효확인소송에서 처분의 무효사유에 대한 주장·입증책임은 원고가 부담한다.

124 · ○

부작위위법확인소송의 경우 처분변경으로 인한 소의 변경, 사정판결, 집행정지, 제소기간(행정심판 거치지 않은 경우)은 취소소송을 준용하지 않는다.

PART 07 행정법각론 p.141

001 • ○
정부조직법 제9조

002 • ○
헌법 제96조

003 • ○
정부조직법 제2조 제1항

004 • ○

005 • ○

006 • ○

007 • ○
정부조직법 제6조 제1항

008 • ×
내부위임은 내부적인 사무처리의 편의를 위한 것으로, 보조기관 또는 하급기관에 의하여 위임자의 명의로 수임자가 위임자의 권한을 행사하는 것을 말한다. 내부위임은 권한의 위임과 달리 법적 근거를 요하지 않는다.

009 • ○

010 • ×
권한위임의 경우에는 수임관청이 자기의 이름으로 그 권한행사를 할 수 있지만 내부위임의 경우에는 수임관청은 위임관청의 이름으로만 그 권한을 행사할 수 있을 뿐 자기의 이름으로는 그 권한을 행사할 수 없다.

011 • ×
내부위임의 경우 수임기관이 자신의 명의로 처분을 하였다면, 수임기관이 항고소송의 피고가 된다.

012 • ×
내부위임의 경우에는 수임관청이 자기의 이름으로 그 권한을 행사하였다면 그 하자는 원칙적으로 무효사유에 해당한다.

013 • ○

014 • ○

015 • ○
정부조직법 제6조 제1항

016 • ○

017 • ○

018 • ×
권한의 위임의 경우 수임청이 피고가 된다. 내부위임의 경우 위임청의 이름으로 처분한 경우에는 위임청이 피고가 되나, 수임기관이 자신의 이름으로 처분한 경우에는 수임기관이 피고가 된다.

019 • ○

020 • ○
조례제정사무는 자치사무와 단체위임사무이며, 기관위임사무는 원칙적으로 조례제정사무에서 제외된다. 다만 기관위임사무도 법령의 위임이 있는 경우에는 예외적으로 조례제정이 가능하다.

021 • ○

022 • ×
기관위임사무의 경우 위임기관의 장의 승인을 얻은 후 지방자치단체의 장이 제정한 규칙이 정하는 바에 따라 재위임할 수 있다.

023 • ×
권한의 위임은 반드시 법적 근거를 요한다. 법령상 규칙으로 행정권한을 위임해야 하는 사항을 조례에 의하여 행정권한을 위임받아 행한 처분은 위법(취소)하다(94누5694 전원합의체).

024 • ○
공법인이라 하더라도 사경제 주체로서 활동하는 경우에는 일반 사인처럼 기본권의 주체가 될 수 있다.

025 · ○

권한의 대리나 내부위임의 경우에는 처분권한이 이전된 것이 아니므로 피대리청이나 원행정청이 피고가 된다.

026 · ○

임의대리의 범위는 피대리청의 권한의 일부에 한정되나, 법정대리에 있어서의 대리권은 피대리청의 권한 전부에 미친다.

027 · ×

지정대리란 법정사실이 발생하면 일정한 자가 대리자를 지정함으로써 대리관계가 발생하는 경우이다.

028 · ○

정부조직법 제5조

029 · ○

지방자치법 제129조 제1항

030 · ○

행정기관 소속 공무원의 징계처분, 그 밖에 그 의사에 반하는 불리한 처분이나 부작위에 대한 소청을 심사ㆍ결정하게 하기 위하여 인사혁신처에 소청심사위원회를 둔다(국가공무원법 제9조 제1항).

031 · ×

중앙노동위원회의 처분에 대한 소송은 중앙노동위원회 위원장을 피고로 하여 처분의 송달을 받은 날부터 15일 이내에 제기하여야 한다(노동위원회법 제27조 제1항).

032 · ○

지방자치법 제130조 제1항

033 · ○

034 · ○

035 · ×

의결기관은 행정에 관한 의사를 결정할 수 있는 권한을 가지는 합의제 행정기관으로 결정된 의사를 외부에 표시할 권한을 갖지는 않는다.

036 · ○

정부조직법 제6조 제3항

037 · ○

정부조직법 제7조 제5항

038 · ○

039 · ○

정부조직법 제6조 제2항

040 · ×

부속기관의 설치에도 법령의 근거를 요한다(정부조직법 제4조).

041 · ○

정부조직법 제7조 제1항

042 · ○

043 · ○

훈령은 행정규칙에 해당하며 법규로서의 성질을 가지지 않는다. 따라서 개별적인 법적 근거는 필요가 없으며, 하급행정청이 이를 위반하더라도 내부적 징계사유는 될 수 있으나 위법한 것은 아니다.

044 · ○

상급행정기관의 하급행정기관에 대한 승인ㆍ동의ㆍ지시 등은 행정기관 상호 간의 내부행위로서, 국민의 권리의무에 직접 영향을 미치는 것이 아니므로 행정처분이 아니다.

045 · ×

관계행정청의 협의 의견은 주행정청의 의사결정을 구속하지 않는다. 반면에 동의 의견은 주행정청의 의사결정을 구속한다. 동의를 의미하는 관계기관의 협의 의견의 경우 실질이 동의에 해당하므로 주무관청을 구속한다.

046 · ×

감시는 상급행정청이 하급행정청의 사무처리상황을 파악하기 위하여 보고를 받고 서류장부를 검사하는 등 실제로 사무 감사를 하는 것을 의미한다. 개별적인 법적 근거는 필요 없다.

047 ‧ ○

지방자치법 제6조 제1항

048 ‧ ○

049 ‧ ○

050 ‧ ○

051 ‧ ○

지방자치법 제14조 제3항

052 ‧ ×

호적사무는 국가의 사무로서 국가의 기관위임에 의하여 수행되는 사무가 아니고 지방자치법 제9조가 정하는 지방자치단체의 사무라 할 것이고, 단지 일반 행정사무와는 날리 사법적 성질이 강하여 법원의 감독을 받게 하는 데 지나지 아니한다(94다45654).

053 ‧ ○

지방자치단체가 조례를 제정할 수 있는 사항은 지방자치단체의 고유사무인 자치사무와 개별 법령에 의하여 지방자치단체에 위임된 단체위임사무에 한하고, 기관위임사무에 관한 사항은 원칙적으로 조례의 제정범위에 속하지 않는다. 그러나 개별법령에서 조례로 정하도록 위임한 경우 기관위임사무에 대해서도 조례를 정할 수 있다.

054 ‧ ×

조례는 주민의 대표기관인 지방의회의 의결로 제정되므로 포괄위임이 가능하다. 다만 기관위임사무에 관한 조례는 포괄위임이 허용되지 않으며 구체적 수권이 필요하다.

055 ‧ ×

국가는 위법한 기관위임사무뿐만 아니라 부당한 기관위임사무에 대하여도 감독할 수 있다.

056 ‧ ○

057 ‧ ×

지방자치단체의 장은 이행명령에 이의가 있으면 이행명령서를 접수한 날로부터 15일 이내에 대법원에 소를 제기할 수 있다(지방자치법 제189조 제6항).

058 ‧ ○

감사를 청구한 주민(1명의 청구도 가능)이 해당 지방자치단체의 장(비위를 저지른 공무원 ×)을 상대로 소송을 제기한다. 감사청구는 필요적 전치주의에 해당한다.

059 ‧ ○

주민은 당해 지방자치단체의 장 및 지방의회의원(비례대표 지방의회의원은 제외)을 소환할 권리를 가진다. 주민소환제는 지방자치의 본질적인 내용은 아니다.

060 ‧ ○

주민투표권은 지방자치법에 의한 제도이다. 따라서 헌법상 권리가 아닌 법률에 의해 인정되는 권리이다.

061 ‧ ×

지방자치법상의 의회대표제하에서 의회의원과 주민은 엄연히 다른 지위를 지니는 것으로서 의원과는 딜리 정치적, 법적으로 아무런 책임을 지지 아니하는 주민이 본회의 또는 위원회의 안건 심의 중 안건에 관하여 발언한다는 것은 선거제도를 통한 대표제원리에 정면으로 위반되는 것으로서 허용될 수 없다(92추109).

062 ‧ ×

주민은 지방자치단체의 조례를 제정하거나 개정하거나 폐지할 것을 청구할 수 있다(지방자치법 제19조 제1항).

063 ‧ ×

주민은 그 지방자치단체의 장 및 지방의회의원(비례대표 지방의회의원은 제외한다)을 소환할 권리를 가진다(지방자치법 제25조 제1항).

064 ‧ ○

주민소환법에 주민소환의 청구사유를 두지 않은 것은 입법자가 주민소환을 기본적으로 정치적인 절차로 설정한 것으로 볼 수 있다(2007헌마843).

065 ‧ ×

감사를 청구한 주민(1명의 청구도 가능)이 해당 지방자치단체의 장(비위를 저지른 공무원 ×)을 상대로 소송을 제기한다.

www.pmg.co.kr

066 · ×

소송에 관하여 이 법에 규정된 것 외에는 행정소송법에 따른다(지방자치법 제22조 제18항).

067 · ×

주민투표권은 지방자치법에 의한 제도이다. 따라서 헌법상 권리가 아닌 법률에 의해 인정되는 권리이다.

068 · ○

주민소환투표권자 총수의 3분의 1 이상의 투표와 유효투표 총수 과반수의 찬성으로 확정된다(주민소환에 관한 법률 제22조 제1항). 다만 전체 주민소환투표자의 수가 주민소환투표권자 총수의 3분의 1에 미달하는 때에는 개표를 하지 아니한다(주민소환에 관한 법률 제22조 제2항).

069 · ○

주민조례청구 제외 대상으로는 1) 법령을 위반하는 사항, 2) 지방세·사용료·수수료·부담금을 부과·징수 또는 감면하는 사항, 3) 행정기구를 설치하거나 변경하는 사항, 4) 공공시설의 설치를 반대하는 사항이 있다(주민조례발안에 관한 법률 제4조).

070 · ○

071 · ×

감사청구한 주민은 그 감사청구한 사항과 관련이 있는 위법한 행위나 업무를 게을리한 사실에 대하여 해당 지방자치단체의 장을 상대방으로 하여 소송을 제기할 수 있다(지방자치법 제22조 제1항).

072 · ○

주민소송을 제기하기 전에 주민감사청구를 거쳐야 한다.

073 · ○

074 · ○

075 · ×

감사를 청구한 주민(1명의 청구도 가능)이 해당 지방자치단체의 장(비위를 저지른 공무원 ×)을 상대로 소송을 제기한다.

076 · ×

지방자치법은 주민소송의 유형으로 1) 해당 행위를 계속하면 회복하기 어려운 손해를 발생시킬 우려가 있는 경우에는 그 행위의 전부나 일부를 중지할 것을 요구하는 소송, 2) 행정처분인 해당 행위의 취소 또는 변경을 요구하거나 그 행위의 효력 유무 또는 존재 여부의 확인을 요구하는 소송, 3) 게을리한 사실의 위법확인을 요구하는 소송, 4) 해당 지방자치단체의 장 및 직원, 지방의회의원, 해당 행위와 관련이 있는 상대방에게 손해배상청구 또는 부당이득반환청구를 할 것을 요구하는 소송을 인정한다(지방자치법 제22조 제2항).

077 · ○

078 · ○

079 · ○

080 · ○

081 · ○

082 · ×

주민소송이 진행 중이라면 다른 주민은 같은 사항에 대하여 별도의 소송을 제기할 수 없다.

083 · ○

헌법 제118조 제1항

084 · ×

지방의회는 그 의결로 소속 지방의회의원의 사직을 허가할 수 있다. 다만, 폐회 중에는 지방의회의 의장이 허가할 수 있다(지방자치법 제89조).

085 · ○

지방자치법 제75조 제1항

086 · ○

지방자치법 제113조 제1항

087 · ○

지방자치법 제49조 제1항

088 · ×

지방자치단체는 보통지방자치단체(특별시 · 광역시 · 특별자치시 · 도 · 특별자치도와 시 · 군 · 자치구)와 특별지방자치단체(지방자치단체조합)로 구분된다. 따라서 제주특별자치도와 세종특별자치시는 보통지방자치단체에 해당한다.

089 · ○

지방자치단체의 구역에 주소를 가진 자는 그 지방자치단체의 주민이 된다(지방자치법 제16조).

090 · ○

공금의 지출에 관한 사항, 재산의 취득 · 관리 · 처분에 관한 사항, 해당 지방자치단체를 당사자로 하는 매매 · 임차 · 도급 계약이나 그 밖의 계약의 체결 · 이행에 관한 사항 또는 지방세 · 사용료 · 수수료 · 과태료 등 공금의 부과 · 징수를 게을리한 사항을 감사청구한 주민은 그 감사 청구한 사항과 관련이 있는 위법한 행위나 업무를 게을리한 사실에 대하여 해당 지방자치단체의 장을 상대방으로 하여 소송을 제기할 수 있다(지방자치법 제22조 제1항).

091 · ×

지방의회는 집행기관의 고유권한에 속하는 사항의 행사에 관하여 견제의 범위 내에서 소극적 · 사후적으로 개입할 수만 있을 뿐 사전에 적극적으로 개입할 수는 없다.

092 · ○

093 · ×

지방의회는 지방자치단체 및 그 장이 위임받아 처리하는 국가사무와 시 · 도의 사무에 대하여 국회와 시 · 도 의회가 직접 감사하기로 한 사무를 제외하고 감사할 수 있다(지방자치법 제49조 제3항).

094 · ○

095 · ×

지방자치단체의 장은 이송받은 조례안에 대하여 이의가 있으면 20일 이내에 이유를 붙여 지방의회로 환부(還付)하고, 재의(再議)를 요구할 수 있다. 이 경우 지방자치단체의 장은 조례안의 일부에 대하여 또는 조례안을 수정하여 재의를 요구할 수 없다(지방자치법 제32조 제3항).

096 · ○

지방자치법 제32조 제8항

097 · ×

임용결격사유 여부는 임용 당시에 시행되는 법률을 기준으로 판단한다.

098 · ○

공무원임용령 제6조 제1항

099 · ○

100 · ×

시험승진후보자명부에서의 삭제행위는 행정청의 내부 준비과정에 불과하므로 행정처분이 아니다.

101 · ×

직위해제는 잠정적인 조치로서 징벌적 제재로서의 징계와는 성질이 다르다.

102 · ○

103 · ○

104 · ×

법관, 검사, 외무공무원은 특정직공무원에 해당한다.

105 · ×

징계벌과 형벌은 병과가 가능하며, 일사부재리의 원칙을 적용하지 않는다.

106 · ×

국가공무원법상 징계는 파면 · 해임 · 강등 · 정직 · 감봉 · 견책으로 구분한다. 징계 중 파면 · 해임 · 강등 · 정직을 중징계라 하고, 감봉 · 견책을 경징계라 한다.

107 · ×

금전의 수수행위에 대한 징계의결 등의 요구는 징계 등의 사유가 발생한 날부터 5년이 지나면 하지 못한다.

108 · ×

징계처분, 그 밖에 본인의 의사에 반한 불리한 처분이나 부작위에 관한 행정소송은 소청심사위원회의 심사·결정을 거치지 아니하면 제기할 수 없다(국가공무원법 제16조 제1항).

109 · ○

검찰·경찰, 그 밖의 수사기관에서 수사 중인 사건에 대하여는 수사개시 통보를 받은 날부터 징계의결의 요구나 그 밖의 징계 절차를 진행하지 아니할 수 있다(국가공무원법 제83조 제2항).

110 · ×

국가공무원법상 임용결격사유 중에서 성적요건이 결여된 자에 대한 임용은 취소할 수 있는 행위로 된다.

111 · ○

112 · ×

직위해제 중인 자에 대해 동일한 사유로 직권면직이나 징계처분을 하여도 이중처벌에 해당하는 것이 아니다. 또한 직위해제 중인 자에 대해 파면처분이 있으면 직위해제처분은 효력을 상실한다.

113 · ×

파면은 공무원의 신분을 박탈하는 것으로 공직에의 취임제한(5년), 공무원연금법상 연금의 제한이 있다. 반면 해임은 공무원의 신분을 박탈하는 것으로 공직에의 취임제한(3년)이 있다(연금제한은 없다).

114 · ×

단순한 사실행위로서 이루어지는 통지·통보(㉠ 정년퇴직 발령, 공무원임용결격사유자에 대한 공무원 임용취소 통보, 당연퇴직의 인사발령 통보 등)는 처분성이 부정된다.

115 · ×

국가공무원법상의 직위해제처분에는 처분의 사전통지 및 의견청취 등에 관한 행정절차법 규정이 적용되지 않는다(2012두26180).

116 · ×

임용결격사유자에 대한 공무원의 임용행위는 당연무효이며, 임용결격자가 공무원으로 임용되어 사실상 근무하였다 하더라도 공무원연금법이나 근로기준법 소정의 퇴직금청구를 할 수 없다.

117 · ○

지방공무원법 제49조

118 · ×

공무원이 국가를 상대로 실질이 보수에 해당하는 금원의 지급을 구하려면 법률에 그 지급근거가 되는 명시적 규정이 존재하여야 하고, 나아가 해당 보수 항목이 국가예산에도 계상되어 있어야만 한다(2017두64606).

119 · ○

고충심사결정 자체에 의하여는 어떠한 법률관계의 변동이나 이익의 침해가 직접적으로 생기는 것은 아니므로 고충심사의 결정은 행정상 쟁송의 대상이 되는 행정처분이라고 할 수 없다(87누657·658).

120 · ○

121 · ○

122 · ×

위법한 거부처분이나 부작위에 대하여 의무이행을 구하는 심사청구가 이유 있다고 인정되면 지체 없이 청구에 따른 처분을 하거나 이를 할 것을 명한다(국가공무원법 제14조 제6항 제5호).

123 · ○

국가공무원법 제16조 제1항

124 · ×

소청심사위원회가 소청 사건을 심사할 때에는 소청인 또는 그의 대리인에게 진술 기회를 주어야 하며, 진술 기회를 주지 아니한 결정은 무효로 한다(국가공무원법 제13조).

125 · ✕

소청심사위원회가 징계처분 또는 징계부가금 부과처분을 받은 자의 청구에 따라 소청을 심사할 경우에는 원징계처분보다 무거운 징계 또는 원징계부가금 부과처분보다 무거운 징계부가금을 부과하는 결정을 하지 못한다(국가공무원법 제14조 제8항).

126 · ✕

소청심사위원회는 인사혁신처에 둔다(국가공무원법 제9조 제1항).

127 · ○

국가공무원법 제15조

128 · ○

국가공무원법 제14조 제9항

129 · ○

국가공무원법 제59조의2

130 · ○

민법상 비진의 의사표시의 무효에 관한 규정은 사인의 공법행위에 적용되지 않는다는 등의 이유로 그 의원면직처분을 당연무효라고 할 수 없다. 공무원이 한 사직 의사표시의 철회나 취소는 그에 터잡은 의원면직처분이 있을 때까지 할 수 있는 것이고, 일단 면직처분이 있고 난 이후에는 철회나 취소할 여지가 없다(99두9971).

131 · ○

경찰관 직무집행법 제3조 제1항 제1호

132 · ○

경찰관의 직무는 1) 국민의 생명 · 신체 및 재산의 보호, 2) 범죄의 예방 · 진압 및 수사, 3) 범죄피해자 보호, 4) 경비, 주요 인사(人士) 경호 및 대간첩 · 대테러 작전 수행, 5) 공공안녕에 대한 위험의 예방과 대응을 위한 정보의 수집 · 작성 및 배포, 6) 교통 단속과 교통 위해(危害)의 방지, 7) 외국 정부기관 및 국제기구와의 국제협력, 8) 그 밖에 공공의 안녕과 질서 유지가 있다(경찰관 직무집행법 제2조).

133 · ○

경찰관 직무집행법 제10조의4 제3항

134 · ○

경찰관 직무집행법 제10조의2 제2항

135 · ○

경찰관 직무집행법 제3조 제2항

136 · ○

경찰관 직무집행법 제3조 제3항

137 · ○

경찰관 직무집행법 제3조 제7항

138 · ○

경찰관 직무집행법 제5조 제1항

139 · ✕

손실발생의 원인에 대하여 책임이 있는 경우에 해당하면 자신의 책임에 상응하는 정도를 초과하는 손실에 대하여 정당한 보상을 하여야 한다(경찰관 직무집행법 제11조의2 제1항 제2호).

140 · ○

경찰관 직무집행법 제11조의2 제1항

141 · ○

경찰관 직무집행법 제4조 제3항

142 · ○

경찰관 직무집행법 제3조 제6항

143 · ○

1) 이미 경찰상 장해가 발생하였거나 급박한 위험이 존재하여 경찰권 발동이 불가피하고, 2) 경찰책임자에 대한 경찰권의 발동이나 경찰 스스로는 위해의 제거가 불가능해야 하며, 3) 제3자의 조력이 불가피한 경우에는 4) 비례의 원칙에 따라 제3자에 대한 경찰권의 발동이 가능하다. 이러한 경우 제3자의 손실에 대해서는 보상이 이루어져야 한다.

144 · ×

행위책임(자기책임)은 자신의 행위 또는 자신의 보호·감독하에 있는 자의 행위로 인하여 공공의 안녕과 질서에 대한 위해가 발생한 경우에 발생하는 책임이다. 물건으로 인한 위험이나 장해로부터 발생하는 경찰책임은 상태책임에 해당한다.

145 · ○

146 · ×

자신의 보호·감독하에 있는 자의 행위로 인한 경찰책임은 그 타인에 대한 선임·감독상의 의무에서 발생하는 자기책임이다.

147 · ×

행위책임은 고의·과실 여부를 묻지 않으며, 행위능력 여부를 불문하고, 자연인·법인, 성년·미성년자 및 내국인·외국인 여부를 불문한다. 또한 행위에는 작위뿐만 아니라 부작위도 포함한다.

148 · ×

법인도 경찰책임을 부담한다.

149 · ×

경찰책임은 내국인·외국인 여부를 불문한다.

150 · ○

151 · ○

152 · ○

153 · ×

공공용물은 일반공중의 공동사용을 위해 제공된 공물을 말한다(도로, 공원, 하천 등). 직접 행정주체 자신의 사용에 제공된 공물은 공용물에 해당한다.

154 · ×

지방자치단체가 소유권자인 공물을 공유공물이라 한다.

155 · ×

공물의 관리주체와 공물의 귀속주체가 다른 공물을 타유공물이라고 한다.

156 · ○

157 · ×

도로, 공원 등은 인공공물에 해당한다.

158 · ×

도로의 점용이라 함은 일반 공중의 교통에 공용되는 도로에 대하여 이러한 일반사용과는 별도로 도로의 지표뿐만 아니라 그 지하나 지상 공간의 특정 부분을 유형적, 고정적으로 특정한 목적을 위하여 사용하는 이른바 특별사용을 뜻하는 것이다(96누7342).

159 · ○

행정목적을 위하여 공용되는 행정재산은 공용폐지가 되지 않는 한 사법상 거래의 대상이 될 수 없으므로 취득시효의 대상도 되지 않는 것인바, 공물의 용도폐지 의사표시는 명시적이든, 묵시적이든 불문하나 적법한 의사표시이어야 하고 단지 사실상 공물로서의 용도에 사용되지 아니하고 있다는 사실만으로 용도폐지의 의사표시가 있다고 볼 수는 없는 것이다(83다카181).

160 · ○

행정재산은 시효취득의 대상이 되지 않는다는 규정을 두고 있다. 다만, 일반재산(구 잡종재산)에 대해서는 시효취득을 인정한다.

161 · ○

162 · ○

163 · ×

공유수면매립사업의 시행자로서 바닷가를 매립한 지방자치단체가 국가에 귀속될 바닷가 매립지에 관한 내용을 누락한 채 준공인가를 받음으로써 국가로 하여금 바닷가 매립지에 관한 소유권을 취득하지 못하게 한 경우, 국가에 대한 불법행위가 성립한다(2011다35258).

164 · ×

도로점용의 허가는 특정인에게 공물사용권을 설정하는 설권행위(특허)에 해당한다.

165 · ○

166 · ✕

원래 공공용에 제공된 행정재산인 공유수면이 그 이후 매립에 의하여 사실상 공유수면으로서의 성질을 상실하였더라도 당시 시행되던 국유재산법령에 의한 용도폐지를 하지 않은 이상 당연히 일반재산으로 된다고는 할 수 없다. 행정재산은 사법상 거래의 대상이 되지 아니하는 불융통물이므로 비록 관재 당국이 이를 모르고 매각하였다 하더라도 그 매매는 당연무효라 아니할 수 없으며, 사인간의 매매계약 역시 불융통물에 대한 매매로서 무효임을 면할 수 없다(94다50922).

167 · ✕

특허에 의한 공물사용권은 일정한 특별사용을 청구할 수 있는 공법상 채권에 해당하며, 대세적 효력이 있는 물권은 아니다(89다카23022).

168 · ✕

공공용물에 관하여 직법힌 개발행위 등이 이루어진으로 말미암아 이에 대한 일정 범위의 사람들의 일반사용이 종전에 비하여 제한받게 되었다 하더라도 특별한 사정이 없는 한 그로 인한 불이익은 손실보상의 대상이 되는 특별한 손실에 해당한다고 할 수 없다(99다35300).

169 · ○

170 · ○

171 · ○

172 · ○

173 · ○

174 · ○

175 · ✕

도로와 같은 인공적 공공용 재산은 법령에 의하여 지정되거나 행정처분으로써 공공용으로 사용하기로 결정한 경우 또는 행정재산으로 실제로 사용하는 경우의 어느 하나에 해당하여야 비로소 행정재산이 되는데, 특히 도로는 공공용물로서 공용개시행위가 있으므로, 토지의 지목이 도로이고 국유재산대장에 등재되어 있다는 사정만으로 바로 토지가 도로로서 행정재산에 해당한다고 할 수는 없다(2015다255524).

176 · ✕

일반사용에 대한 제한은 손실보상의 대상이 아니다.

177 · ✕

공공용물은 일반인이 행정청의 특별한 허락을 받지 않고도 본래의 목적에 따라 자유로이 사용한다.

178 · ✕

행정재산은 그 용도와 목적에 장애가 되지 아니하는 범위 안에서 그 사용 또는 수익을 허가할 수 있다.

179 · ✕

국유공물은 민사집행법에 의한 강제집행의 대상이 될 수 없다.

180 · ✕

국유재산법에 의하여 국유재산의 무단점유자에게 변상금을 부과하는 것은 행정주체의 재량이 허용되지 않는 기속행위로서, 행정주체의 선택에 의하여 부과 여부가 결정될 수 있는 성질의 것도 아니다.

181 · ○

일반적으로 행정재산의 사용허가 기간은 5년 이내로 하며, 5년을 초과하지 않는 범위에서 허가기간을 갱신할 수 있다.

182 · ✕

일반재산은 민법상 시효취득의 대상이 된다.

183 · ○

184 · ○

도로를 구성하는 부지, 옹벽, 그 밖의 시설물에 대해서는 사권을 행사할 수 없다. 다만, 소유권을 이전하거나 저당권을 설정하는 경우에는 사권을 행사할 수 있다(도로법 제4조).

185 · ○

186 · ○

중앙관서의 장은 공용 또는 공공용으로 사용할 필요가 있는 경우 사용허가의 철회가 가능하다.

187 · ✕

"총괄청"이란 기획재정부장관을 말한다.

188 · ○

189 · ✕

"사용허가"란 행정재산을 국가 외의 자가 일정 기간 유상이나 무상으로 사용·수익할 수 있도록 허용하는 것을 말한다.

190 · ✕

"대부계약"이란 일반재산을 국가 외의 자가 일정 기간 유상이나 무상으로 사용·수익할 수 있도록 체결하는 계약을 말한다.

191 · ✕

"변상금"이란 사용허가나 대부계약 없이 국유재산을 사용·수익하거나 점유한 자(무단점유자)에게 부과하는 금액을 말한다.

2026 박문각 행정사 1차
이준희 행정법 핵심&기출

초판인쇄 | 2025. 8. 13. **초판발행** | 2025. 8. 20. **편저자** | 이준희

발행인 | 박 용 **발행처** | (주)박문각출판 **등록** | 2015년 4월 29일 제2019-000137호

주소 | 06654 서울시 서초구 효령로 283 서경 B/D 4층 **팩스** | (02)584-2927

전화 | 교재 문의 (02)6466-7202

저자와의
협의하에
인지생략

이 책의 무단 전재 또는 복제 행위는 저작권법 제136조에 의거, 5년 이하의 징역 또는 5,000만 원 이하의 벌금에 처하거나 이를 병과할 수 있습니다.

정가 18,000원

ISBN 979-11-7519-100-6